JN409934

사랑, 그 쉽고도 어려운 이야기

사랑,
그 쉽고도
어려운 이야기

최재학 지음

코람데오

♦ 들어가는 글 ♦

오늘도 오뚝이처럼

어제나 오늘이나 지금 이 순간도, 그저 앞만 보고 걸어온 길이었습니다. 나에게는 매 순간이 오뚝이의 삶이었습니다. 가난했던 시간들을 돌아보며 진실한 마음의 고백을 내놓자니 눈물이 절로 앞을 가립니다.

오뚝이처럼 쓰러지고 또 쓰러지는 인생이었지만, 나의 중심에는 '무게'라는 것이 있어 잘 넘어지지 않았습니다. 나도 모르게 쓰러지면 다시 일어서기를 반복했지요. 먼 산골짜기에서 도랑물이 요리저리 부딪치며 흐르듯, 나의 삶은 그렇게 물과 같은 존재로 흘러온 것인지도 모릅니다.

세상이 나에게 편견을 갖고 있다는 것, 그것을 누구보다 잘 알고 있기에 어떤 유혹과 핍박과 고난이 온다고 해도 더욱 딛고 일어서려 했고, 그 중심이 되시는 하나님의 능력으로 넘어지지 않고 바로 서게 되었던 것 같습니다. 아무리 강력한 유혹과 핍박이라는 주먹으로 친다

◆

하여도 결코 오뚝이를 넘어뜨릴 수 없는 것은 바로 그 중심 때문 아닐까요. 그러니 오뚝이로서 중심을 지키는 일은 무엇보다 중요한 일이었습니다.

나의 중심에 고집과 거만함, 시기와 질투, 그리고 미움들이 자리하게 되면 자기중심적인 삶에 머리가 무거워진 오뚝이는 거꾸러질 수밖에 없다는 것을 잘 알고 있었습니다.

하나님이 중심 되시는 삶을 살아온 저의 가정은 그렇게 오뚝이 같은 삶을 살아왔습니다. 인간적인 계산으로 머리가 무거워져 중심을 잡지 못하고 쓰러지면 곧 다시 일어나 또 한 걸음 시작하면서 늘 반복되는 생활의 시련을 고스란히 마주하며 이겨왔지요.

철없는 시절부터 지금 제가 뜻이 있어 선택한 이 길을 걷기까지 참으로 많은 일들이 있었습니다. 결혼 후 1남 1녀를 두고 마음에 깊은 아픔도 경험했습니다. 다운증후군 장애아를 입양해 양육하면서 때로는 힘들고 지칠 때도 있었지요. 그러나 사랑스런 아이의 재롱과 특기가 있어 어제도 오늘도 웃을 수 있음에 감사합니다.

지난 시간들을 돌아보며 감사하고 싶은 분이 있습니다. 진실한 사랑을 행하며 힘이 되어주신 (주)안세 안병근 이사님, 세상 흠이 없는 배려와 26년간의 변함없는 믿음과 사랑, 영원히 변치 않을 것입니다. 그 사랑의 빚 어떻게 갚나요.

♦

"삶이 그대를 버릴지라도 슬퍼하지 말라. 삶이 때론 그대를 버리고, 상처를 줄지라도 좌절하지 말라"는 말이 있지요. 이 말처럼 삶이 그리 쉬운 건 아닐지 모릅니다. 삶이 마냥 좋아서 또는 행복해서 사는 사람은 아마도 많지 않을 듯합니다. 그저 살아야 하니 사는 것이고, 어제보다는 오늘이, 또 오늘보다는 내일이 좀 더 나아지겠지 하는 생각에 살아가고 있는 것이겠지요. 많이 힘들고 버거우면서도 아마 그것이 삶인지 모릅니다.

장애라는 것이 사회가 함께한다는 것은 한순간임을 알고 있습니다. 그렇기에 나보다 못한 장애인들과 함께 서로 도우며 살아온 것이지요. 그런데 이제는 사회가 다르게 느껴져요. 우리 같은 사람을 바라보고 곁에 있음으로 밥줄이 되는 비양심적인 윤리와 가치가 있어요. 깊은 이야기는 묻을게요. 그 옛날 조건 없이 주고받던 순수한 믿음의 사랑과 봉사의 손길과는 다르다는 것이지요.

열심히 살다보니 왜 이리도 아픈 게 많은 것인지, 오뚝이처럼 다시 일어나면 기다렸다는 듯이 바닥으로 떨어트리고, 다시금 일어나면 또 떨어트리고, 왜 이리도 삶이 아픈 건지.

그렇지만 인생이라는 것이 모든 것 내 맘대로 되는 건 아니잖아요. 열심히 살면서 발버둥 치는데, 왜 이리 시련은 가혹한 건지요. 부딪히는 관문이 너무 많네요. 안 해본 일이 없었습니다. 돈복은 없고 일복만

많은 듯 힘든 인생길이었어요. 일에 있어서는 정상인들보다 앞선 지혜가 이따금씩 많았지요. 그것이 나에게는 큰 보람이었어요.

이 책은 절망 속에 있을 때, 생각나는 대로 이런 일 저런 일 눈물을 머금고서 쓴 정신없는 수기의 글입니다. 난생 생각지 못한 곳에 머무르면서, 그저 순수한 생각에 수기를 쓰면서 자신을 성숙시키고 가꾸어나가고 싶은 마음에 위로라도 될까 싶어 글을 쓰기 시작했던 것 같습니다.

사실 저와 같은 이들과 함께하며 살기 위해 모든 것을 아낌없이 일궈왔지만, 지금은 욕심 아닌 이 세상, 찌그러진 육체의 통증 때문에 또 얼마나 더 인내해야 힘든 고난이 풀릴지 앞이 캄캄해요. 그래도 오뚝이처럼 일어나 지역사회와 함께하기 위해 한 걸음 내딛으려고 합니다.

누구든 이 땅에 잠시 전세로 살다 가는 것이기에 영혼의 가치를 하늘에 두어야 한다지요. 인생 소유된 모든 것이 아무리 훌륭하다 한들, 떠날 때가 되면 본인의 이름밖에 뭐가 남겠어요. 그러므로 선을 위하여 무언가를 이루겠다는 굳은 신념이야말로 빼앗기지 않는 행복을 소유할 수 있는 방법이겠지요.

참된 행복을 위하여, 모든 사람이 차별 없이 소통할 수 있는 사랑의 힘, 쇠사슬과 같은 연결을 만들어나가기 위해 오늘도 저는 쓰러지되 다시 일어설 것이며, 어떠한 절망의 순간이 온다 할지라도 그 중심만큼은 잃지 않을 것입니다.

2016년 10월 최재학

Contents

3장 골방 생각

4장 담장 밖으로부터 온 편지

5장 우리가 누군가를 사랑하게 될 때

6장 행복을 나누어 드립니다

제1장

잃어버린 날개를 찾아서

소망이의 카네이션

2015년 5월 8일 오전 10시. 방송이 나온다. "2429 접견."

5월의 첫 번째 접견 소식이다.

사랑하는 아내가 왔으리라 생각하며 괴롭고 힘든 신경통에도 설레는 마음을 안고 접견실로 향했다. 특별한 소식이라도 가져왔을까 기대하며 교도관과 함께 발걸음을 옮기는데 푸르른 철쭉꽃이 서서히 지는 듯 초여름을 느끼게 했다.

접견실에 도착해 문을 열고 들어서는데 반대쪽에서 사랑하는 아내와 막내 소망이가 들어서고 있었다. 문을 열고 들어오는 소망이의 손에는 자그마한 카네이션 화분 하나가 들려 있었다. 아이는 서툰 목소리로 "아빠, 어버이날 축하해요"라며 창살 선반 위에 카네이션을 올려놓았다.

말문이 막히고 눈물이 글썽였다. 아이 앞이라 눈물을 감추려 했지만, 괴로운 마음에 고개를 떨굴 수밖에 없었다. 아내는 그저 카네이션을 보기라도 하라며 나를 위로했다.

접견실은 쇠창살에 투명유리로 막혀 있어 상대방의 모습을 어루만질 수도, 무언가를 주고받을 수도 없다. 다만 서로의 얼굴을 바라보며 스피커를 통해 이야기를 주고받을 뿐, 그 이상의 자비는 허락되지 않는 공간이다. 이런 구멍 하나 없는 접견실에 가슴으로 낳은(입양) 딸아이가, 어버이날이라며 카네이션을 들고 온 것이다. 아빠가 보고 싶어 밤잠을 설친다는 말을 들으며 가슴에는 통증을 느꼈다.

집에서 한 시간을 걸려 접견실로 왔건만, 고작 15분가량 얼굴과 눈을 바라볼 뿐 서로가 제대로 미소 한 번 짓지 못하고 헤어졌다. 도대체 어디서부터 잘못된 것일까.

지금껏 어려운 처지에 있는 장애인들과 함께 해온다고 나 나름의 노력을 다해왔다. 정말이지 나 자신의 욕심과 욕구를 위해서는 아무것도 한 것 없이 소탈하게 지내왔다고 자부한다. 항시 정신적 고통 속에 있는 장애인들의 욕구를 찾아 채워주는 일이 나에겐 우선이었다.

지난 일을 생각할수록 얼마나 억울하고 괴로운지, 표현이 부족한 나로서는 누명을 벗을 도리가 없다. 지적장애인이라고 일반인들처럼 좋은 옷, 비싼 신발 등을 입어서는 안 되는 걸까. 그들이 사용하는 붙박이장이 보통 사람들의 것보다 더 좋아서는 안 되는 법이 있기라도 한 것인지 의문이다. 이 서러움을 누가 달래줄 수 있을까.

고난의 의미

/

어떤 농부가 이렇게 기도했다고 한다.

"이번 여름 농사에는 햇빛을 많이 주셔서 농사가 잘 되게 해주옵소서."

그런데 어찌된 일인지 기쁜 마음으로 가을 추수를 하다 보니까 온통 쭉정이만 가득했다고 한다.

농부는 하나님께 불평했다.

"농사가 잘 되게 해달라고 기도했는데 이런 것이 어디 있습니까."

농사를 다 망치고 말았으니 원망을 한 것이다. 이때 하나님의 음성이 다시 들려왔다고 한다.

"너는 나에게 햇빛만 요구했지 찬 서리를 구하지 않았다. 찬 서리가 없으면 곡식이란 영글지 않는다."

서리가 없이 곡식이 영글지 않고, 고난 없이는 인생이 견고해지지 않는다. 고난과 역경에 어떻게 반응하느냐에 따라 삶의 결과가 달라진다. 고난당한 것이 유익이 되는 것이다.

고난의 순간이 있기에 값진 열매들이 맺히고, 그 가치를 알게 되는 것 아닐까. 스스로의 힘으로는 할 수 없는 일들, 이해가 되지 않는 일들, 이것들이 모여 결국에는 삶을 견고하게 할 것이라 믿는다.

인내로 맺은 열매

/

아내가 수확한 블루베리를 들고 면회를 왔다. 작년까지 내가 손수 가꾸어오던 것들이다. 어린 묘목을 심어 3~4년이 걸리도록 수고하였으니, 먹어보지는 못하더라도 눈으로 직접 보라는 의미에서 들고 왔노라 했다. 온갖 정성을 들여 얻은 수확이지만 지금의 내 모습이 이러니 무슨 소용이 있는지. 가슴이 무너질 듯 눈물만이 글썽였다.

오직 저들을 위해 함께 오뚝이처럼 걸어왔건만, 돌이켜 생각할수록 억울함에 숨 막히듯 죽을 것 같은 심정이다. 아들딸들을 생각하면 더욱 한이 맺히는 수용의 고통이다.

세상은 바라볼수록 집단 이기주의로 묶여 있고, 선한 모습은 찾아볼 수 없는 듯 어지럽다. 그러는 가운데 당하는 자에게는 그저 인내하는 것만이 목적이 되곤 한다. 뼈저린 심리적 통증을 안고 오늘도 모든 가족을 위해 인내하며 기다린다.

광복절 특사

광복 70주년, 8·15를 앞두고 나는 희망을 품었다. 광복절 특별 사면 대상에 오를까 하는 기대였다. 모두가 함께 기도하며 기다리는 마음 알고 있기에 더욱 간절했다. 그런데 어찌된 일인지 내게는 아무런 소식이 없다. 모든 자격을 갖추고 있다고 생각했는데, 여러 의문과 함께 괴로운 마음이다.

8·15가 지나, 전화 1통의 기회가 있어 아내에게 전화를 걸었다. 아내는 8월 14일 0시, 행여 몰라서 가족들을 데리고 정문에서 나를 기다렸다고 했다. 뿐만 아니라 기다리다 실망한 아이들은 눈물바다였다고 전해주었다. 아내도 정부의 발표와 동향을 살펴보며 광범위한 사면을 기대한 듯했다. 나는 설움을 참지 못해 화장실에 들어가 하염없이 눈물을 흘렸다. 아내와 자식들이 정문에서 얼굴도 보지 못하고, 음성조차 듣지 못하고 기다림 끝에 돌아갔다는 사실에 한이 맺힌다.

어제오늘 잠시 신문을 보면서 사면제도가 형편없이 맞지 않는다는 여론을 보게 되었다. 또다시 이어지는 말이지만, 법은 약자들의 면역(免役)만 먹고 사는 조직과 같다. 강자의 새나가는 풍문을 막아야 하지 않을까 하지만 소용없는 기대 아닌가.

나는 말주변이 없다. 그저 복이라면 내 몸을 움직여 남을 위해 일하는, 노동의 복뿐이다. 앞으로 살아갈 날 얼마나 남았을까. 오늘 죽을지 내일 죽을지 한치 앞을 볼 수 없는 세상의 시간 속에, 남은 인생 가치 있게 살기 위해 노력해야겠다. 그러나 분노 섞인 기억들로 인해 아름다운 삶 중에도 감탄할 수 없는 심리적 고통이 있음을 어찌할까.

왜 하나님은 시련과 고난을 통해, 인내를 통해 복을 주실까. 인내가 없이는 삶의 가치와 윤리의 소중함을 느끼지 못하기 때문일까. 또 다른 인내를 통한 삶은 없는지 살핀다.

"빠지지 않는 연결고리는 오랜 힘을 유지한다."

오늘도 이 시간이 빠르게 접어들기 바라는 나는, 그리운 가족과 달려야 할 길이 있기에, 뜬눈으로 이 밤을 보낸다.

담장 안에서

/

봄이라는 계절이 다가온다. 수용소 내에서는 오후 1시가 되면 30분간 운동이 시작된다.

담장 안의 협박함 속에서도, 밥줄은 인간의 존엄성과 평등, 질서를 유지하기 위한 기본이 되는 듯하다. 모든 게 막혀 있지만 잠시 문이 열리는 것은 그들에게도 밥줄이 요구되기 때문이다. 한 치도 오차가 없는 통로다.

특별 접견이라는 것이 나에게 두 번째로 주어졌다. 첫 번째는 그런가 보다, 하면서 특별 접견 시간을 보냈다. 그러나 이번에는 여러 가지 기대와 생각을 하게 했다. 그런데 무슨 일인지 모르지만 내 생각이 빗나갔다. 아내가 혼자 온 것이었다. 무슨 일인지 묻고 싶지만 접견 내용을 기록하는 교도관이 옆에 있어 제대로 묻지도 못하고 호기심만 남긴 채 헤어졌다.

홀로 나를 보기 위해 찾아온 아내와 여러 가지 궁금한 것들을 서로 묻고, 우리의 어려운 상황을 이겨내기 위해 어떠한 마음자세를 가져야 하는지에 대해서도 이야기를 주고받았다.

마침 싱가포르 전 총리가 유서를 남기고 91세에 지병으로 죽었다는 소식이 들려왔다. 그는 자신이 죽으면 집을 헐고 지역사회에 도움을 줄 수 있도록 건물을 지어 필요에 활용하라고 했단다. 갑자기 나를 향한 누군가의 비난에 '아무런 반격도 하지 않았다'는 아내의 이야기가 생각났다. 상대가 자신의 추구를 위해 어떠한 쓴 소리를 한다고 해도, 그것이 자신에게 손실이라고 해도 아무 말 없이 묻어버릴 수 있는 마음, 나는 아내의 이런 점이 믿음직스럽다.

진실이 드러나기까지 오랜 시간 고난을 이유 없이 견뎌야 함이 더없는 고통이겠지만, 조용히 침묵을 안고 진실을 바라는 그 뜻을 알 것 같다.

만일 진실 속에 어떠한 잘못이 섞여 있다면, 불편함 없도록 부속을 갈듯 고쳐주어야 할 일이다. 상처가 있다면 원인을 찾고 진통이 사라지도록 치료해야 한다. 진실을 위해 머물러야 하는 시간들이 너무 긴 진통이다.

나는 사회복지사입니다

/

나는 시골 오지에서 자라 병역을 마치고, 가정 경제에 도움이 되고자 도심 객지에서 우연히 누군가의 일을 돕다 장애를 판정받았다. 제아무리 능력과 재주가 있어도, 80년대 초 사회적 분위기는 그랬다. 장애인이라면 많은 차별과 모욕을 감내해야 하는 법이었다.

장애란 글자가 취업에 큰 걸림돌이 되었다. 차라리 손 하나 없는 것보다 다리가 하나 없으면 그나마 취업이 될까 싶은 심정이었다.

모든 것을 포기하고 나보다 더욱 어려운 장애인들을 돕고자 10여 년간 능력을 발휘해 봉사를 했다. 그런 과정 가운데 사회적으로 많은 편견과 차별을 받아야 했지만, 봉사하면서 지금의 아내를 만나 결혼할 수 있었음에 감사한다.

시골 처갓집 조그마한 주택에서, 오갈 데 없고 부모로부터 외면받아 거리를 헤매는 장애인들을 위한 공동체를 만들었다. 서로 돕고 나누며 정부의 지원 없이 12년간을 무의탁 시설로 지냈다. 그러던 중, 시대가 바뀌고 복지가 발전하면서 2000년 초에는 중증장애인들에게 좀 더 나은 환경을 제공하고자 그간 노력으로 모은 재산을 출연하여 어렵게 사회복지법인 승인을 받을 수 있었다.

그러나 어찌 된 일인지 나는 내부고발로 복지부 감사를 받게 되었고, 복지부는 검찰에 고발을 하게 되어 구속이란 사건이 생겨났다. 장애 2급으로 불편한 생활을 하면서도, 신생아 다운증후군 아이를 입양해 현재 17살이 되기까지 사랑으로 양육해왔다. 시설을 운영하며 무리하게 허리를 사용한 결과 지금은 신경통증 약이 아니면 생활이 어려운 형편이 되어버렸다. 이렇듯 장애인들을 위해, 지역사회 발전과 일자리 창출 등을 위해 큰 역할을 감당했다고 자부한다. 유용의 과정이 있었을 수는 있지만, 나 자신을 위한 과정은 없었음을 고백한다.

나조차도 자유의 몸이 아니건만, 한번은 21○1번이라는 이의 어려운 사정을 듣고 도운 일도 있다. 그는 벌금 문제로 출소를 못하고 있었다. 그의 안타까운 사정을 들은 나는 지인에게 연락을 해 얼마 되지는 않지만 도움을 주어 출소를 돕기도 했다. 그는 투석을 하는 환자였다. 사회적으로 수많은 차별을 받아오면서도, 나는 마을과 주변 장애인들의 사정을 돌아보며 성의껏 기부하고 사심 없이 헌신해왔다.

이제 남은 세월 더욱 아름다운 배려와 사랑의 손길을 보내려 한다. 그리고 나를 기다리는 사람들을 위해 부족하지만 사회복지사로서의 사명을 감당할 것이다.

회상

/

이곳 담장 안에서 시간을 보내다 보면, 개구리 잡던 어린 시절이 문득문득 떠오르곤 한다.

1960~70년대, 두메산골 아래윗집 서너 가구인 초가집에서 살던 기억이다. 학교에 가려면 비포장 오솔길을 20리나 걸어야 했다. 산골 주변에 보이는 것이라고는 앞뒤 산기슭뿐이었다. 학교에서 집으로 돌아가는 길이면 고무신을 질질 끌고 흐르는 콧물을 호로록 들이마시던 기억, 말라붙은 코딱지가 부끄러운 줄도 모르고 집으로 향하던 기억이 난다. 길을 지나다 마른 통나무가 있으면 주워 들고 다니다 부엌 아궁이 옆에 놓았다. 그렇게 모아 더러는 장작 한 강지(나무 백 개피를 모은 한 단)를 내다 팔아 이천 원 내지 삼천 원을 받았다.

저녁이면 아버지는 사랑방에서 새끼를 꼬고, 멍석을 만들고, 흰 종이에 담배쌈지 말아 피우면서 시간 가는 줄 모르던 그때 그 시절, 아침이면 닭이 울기 전 일어나 소죽을 끓이기 위해 아궁이에 불을 피우던 기억, 아침 일찍 일어나 건넛마을을 바라보고 있노라면 초가집 지붕 굴뚝 위에 집집마다 하얀 연기 훨훨 솟아오르던 모습이 보기 좋았다. 흙벽집의 흙이 떨어져 있으면 노란 황토 진흙에 볏짚을 썰어 섞어 이겨서 맨손으로 처바르면 그만이었다.

산골은 도시와 달리 보이는 것이라고는 온통 산과 들판밖에 없었기에 아무 생각 없이 하루하루를 홀로 지내듯 했다. 그곳에서는 물, 식량, 연료 등 자연에서 발생하는 것들이 자원이 됐다. 물은 자연적으로 오염되지 않은 도랑에서 씻고 먹었으며, 연못 주변 나무는 땔감으로 쓰였다. 텃밭에서 무공해 채소를 재배해 김치를 얻고, 겨울철에는 무를 땅속에 묻어 한 개씩 꺼내어 반찬으로 먹었다. 이웃 간 품앗이를 하면서 서로 일을 도왔다.

집집마다 소 한두 마리, 토종닭 서너 마리가 있어 자연적으로 알을 낳았고, 개도 한두 마리, 더러는 돼지도 한두 마리 있어 집안 경사나 명절이 되면 돼지 한 마리를 잔치로 베푸는 풍습도 있었다. 요즘에는 결코 상상할 수 없는 생활 문화다.

저녁이면 이웃집에 놀러가 옹기종기 모여앉아 이야기하고, 아궁이에서 불을 피우다 남은 불을 화로에 담아 방안에서 화롯불을 쬐며 감자나 고구마를 구워먹기도 했다. 그러다 보면 얼굴이 시커멓게 그을리는 줄도 몰랐다.

또한 지금과 같이 통신이 발달되어 있지 않아 이웃집에 경사가 있어 알리려면 집안 자녀들 중 누구 한 사람은 오솔길을 걸어서 30분내지 1시간씩 걸어갔다 오는 번거로움을 감내해야 했다. 이렇게 돈이 없어도 시골의 문화는 토종적인 그 모습 그대로 정겨운 모습을 간직했다. 그 순수한 시골의 모습은 어디로 사라졌을까.

옛날이 그리워 귀농하는 이가 많다고 한다. 하지만 사라진 전통성을 되돌리는 일은 그리 쉬운 일이 아니다. 시골의 문화는 돈이 많다고 되돌릴 수 있는 것이 아니다. 이웃 간에 함께하는 마음, 서로가 나누려는 마음과 동정심이 있을 때 가능하다.

요즘은 저출산 문제로 세비가 낭비되고 있다고 하는데, 과거 옛사람들은 무슨 교육이 잘 되어 가구마다 6~7명의 아이들을 낳아 키웠을까. 그때 그 시절에 대한 그리움이 가득히 차오른다.

시골 달밤

/

한여름 무더운 밤
달빛 아래 초가집 뜰 앞
시원한 마당에
멍석 깔고 외로이 누워
높은 밤하늘 이곳저곳 총총히 모여
반짝이는 별들의 모습을 바라본다.

시원한 바람과 향긋한 풀내음
이쪽저쪽 개구리, 귀뚜라미 등
이름 모르는 여러 풀벌레 소리는 합창인 듯
옛 생각에 잠겨
여러 풀벌레들의 합창 소리는 잠시 잊어진다.

밤이 깊도록 풀벌레 소리는 그칠 줄 모르지만
또다시 그리운 듯 옛 추억이 점점 그리워진다.
밤하늘 달빛 아래 별빛 가득한 밤

이 내 가슴 이따금씩 숨이 차오른다.

나는 왜 고난의 오뚝이 인생인지 슬프고
가족 생각에 슬며시 흐르는 눈물은
머리끝 멍석을 슬그머니 적신다.

자연의 풍경 속 정감 넘치는 흥겨운 풀벌레 소리
밤은 깊어가는 줄 모르고
아직도 옛 추억에 잠겨 있다.

어디선가 낯선 모기 한 마리 찾아와
귓가에서 윙—윙윙-윙--
소리 내어 맴돌며 나를 깨운 듯
이 밤의 흥겨웠던 모든 풀벌레 노랫소리는
조용히 마감되었음을 알리듯
나는 벌떡 일어나
멍석을 둥글둥글 말아 들고
방으로 향한다.

오뚝이 같은 못난 인생길

/

나는 나의 삶을 오뚝이에 비유하곤 한다. 이리 휘청, 저리 휘청거리는 못난 오뚝이. 넘어질 듯 결코 넘어지지 않는 오뚝이는 나의 못난 인생길을 떠올리게 한다.

나는 아들 넷, 딸 셋으로 7남매 중 아들로서는 둘째로 태어났다. 어려운 가정형편으로 7남매 모두는 각자의 인생길을 설계해야 했다. 단 한 번도 순탄한 인생을 살아보지 못했다. 가난에 시달리며 삶 자체가 급급했던 형제들은 서로 간에 동정 없는 길을 걸으면서 고유의 명절이나 경사가 있을 때나 만나는 사이가 되었다.

긴 세월 속에 넘어지고 깨지고 다시 일어서면서 여기까지 왔다. 험난한 길 왔지만, 주머니엔 아무것도 없이 오로지 할 수 있다는 믿음만 갖고 나 스스로를 오뚝이에 비유하며 기나긴 시험 길을 걸어왔다. 생각할수록 끔찍한 날들에 대한 생각으로 밤잠을 설칠 때가 많고, 몸이 아플수록 옛 생각뿐이다.

어떤 날은 지옥 가는 길에 잠시 검문이 있어 되돌아온 듯, 아찔한 그날의 소름이 되살아나 고통이 멈추질 않는다. 또 어떤 날은 천국 가는 길 뭔가 빠트린 것이 있어 다시 내려온 듯 진정으로 감당할 수 없는 고비가 너무 많아 괴로운 심정이다.

하늘은 사람이 감당할 수 없는 시련은 주지 않는다고 했는데 어찌된 일인지 하루하루 감당하는 일이 내게는 벅차게 느껴진다. 처와 자식을 바라보니 함께해야 할 앞으로의 길이 험난하게 느껴진다. 힘든 마음 어떻게 다스려야 할지 몰라 남몰래 하염없이 눈물 흘리기도 한다. 또 그런 나 자신이 왜 이리 처량한지 이 사회를 한없이 원망해도 아무 소용이 없다. 시중에 나와 있는 재활용 제품은 다양하기도 하건만, 인간은 충격을 받으면 재활용이 불가한 듯하다.

오뚝이와 같은 인생길을 걷다가 어느 날 우연찮은 순간의 사고로 삶을 망치고 만 듯하다. 사람만 바라보고 능력을 보지 않는 이 사회는 나와 함께하는 것조차도 꺼리는 눈치다. 나 자신의 못난 것을 숨기고, 저들의 눈치를 보며 비위 맞추는 일이 얼마나 숨 조이며 힘든 과정인지 헤아릴 수 없다. 유일하게 이 민족만 동물을 잡아 등급을 매기듯, 아니면 곡물 등급을 판정해 값을 정하듯 장애인에게 급수를 정하니 인간의 존엄성과 평등, 자유와 권리는 말뿐인 사회 아닌가.

편견 없이 조직 안에서 함께 공감하고 공유하는 사회야말로 우리가 추구해야 할 조직 체계가 아닐까. 권력과 명예로 무성하게 자란 잡초들은 뿌리까지 사라져 공평한 삶의 복지가 이 땅 위에 뿌리내리길 소망한다.

노동개혁

장애인에 대한 사회적 차별과 편견이 너무도 크다. 청년들의 일자리를 위해 정부가 나서서 외치듯, 장애인의 일자리도 생각해주었으면 하는데 현실적으로 장애인의 사회참여 제도는 너무도 미비한 상태다. 장애인의 '장애'를 보는 것이 아니라, 그들의 '능력'을 보고 능력만큼의 대가를 지불해주었으면 하는데 아쉬움이 크다.

나는 장애인들에게 일자리를 주고, 또한 장애인과 비장애인이 함께할 수 있는 공간을 만들고자 '공사장 카페'를 열었다. 장애인들도 눈치 보지 않고 일반인과 함께 어울리면서 차 한잔 마실 수 있게 하자는 취지였다.

나는 집에서나 사무실 기타 어느 장소에 있든지 잠시라도 가만히 있지 못하고 무언가를 하는 습관이 있다. 어떤 특별한 목적이 있는 것은 아니다. 다만 무언가 마음이 허전한 듯 가만히 있지 못하는 성향이 있다 보니 누군가 해놓은 일들을 바라보면서도 다른 방향으로 새로운 생각을 해보게 되는 것이다. 그렇다 보니 집이나 사무실을 나섰다가도 돌아올 때는 빈 마음이 아니다. 때때로 좋은 아이디어가 떠올라 상대로부터 인정을 받고 보람을 느끼게 되는 경우도 더러 있다. 공사장 카페도 그와 같은 과정을 통해 생겨난 공간이다.

건설업 30~40년을 했어도 이러한 창조적 아이템은 처음이라며 많은 이들이 칭찬을 아끼지 않았다. 공사장 카페 안에는 장애인 생산품들을 전시해 누구든 쉽게 접근할 수 있도록 했다.

사실 장애인은 어딜 가나 편의시설 부족으로 어려움이 있다. 그러나 공사장 카페에서는, 장애인이 들어와 주문을 하고, 계산도 하고, 차 한 잔 마시며 편안하게 대화할 수 있도록 한 것이다. 일반인도 지나다 차 한잔 마시기에 좋도록 꾸몄다.

공사장 카페 바리스타로는 전문교육을 이수한 청각장애인을 고용했다. 공사장 카페 최저임금을 주며 격일로 일할 수 있도록 두 명을 함께 고용했다. 그러나 소통의 문제가 있어 시설 종사자가 인식개선 차원에서 서빙을 돕도록 했다.

그러나 이것이 문제가 되었는지, 누군가의 고발에 의해 복시부 담당 직원이 조사를 나왔다. 조사자는 왜 시설 종사자가 시설에 근무하지 않고 이곳에 있느냐며 보조금 횡령이라고 고발했다. 공사장 카페는 그저 커피만 마시는 장소가 아니었다. 이곳 카페에서는 여러 가지 프로그램을 진행하고 있었고, 이를 위해서는 종사자가 필요했다. 더욱이 시설 작업장과 멀리 떨어져 있는 곳도 아닌 바로 옆 건물이라 양쪽으로 함께 일하는 것이 가능한 구조였다. 뿐만 아니라 공사장 카페에서 나오는 수익금은, 얼마 되지 않는 수입이지만 법인에 저축했다.

이와 같은 여러 사정이 있음에도 불구하고, 복지부 담당 직원은 감사 목표 달성에만 관심이 있어 보일 뿐 다른 것은 보려 하지 않는 듯 보였다. 편견이 심하다고 느꼈다. 더러는 자기네 환수 목표를 위해 무언가를 유도하기도 했다. 종사자가 장애인을 위해 함께 일을 했는데도 문제라고 지적하니 할 말이 없었다. 장애인을 위한 휴식공간에 종사자의 도움이 필요해 도움을 준 것 뿐인데, 그것이 무슨 문제일까. 시설 작업장에 장애인이 함께 참여하기 위한 종사자 고용이 문제라면 복지정책은 왜 필요한지 의문이다.

장애인들은 그저 매뉴얼 대로만 일해야 하는 것인가. 창조적인 창업을 한 것이 문제라고 하니 한심한 노릇이다. 지역사회에서 인정받고 귀감이 되는 데 대해 평가하기보다 장애인들을 위한 파견근무조직만을 문제 삼으니 답답한 노릇이다.

나는 이로 인해 1년 2개월 집행을 받고 결격 사유가 되었다. 노동개혁을 외치며 실천한다고 했지만, 방법을 몰라서인지 실수인지 현실은 생각과 달랐다. 오직 장애인만 위한 일이었음에도 불구하고 그것이 결격사유라고 하니 큰 충격이다.

노동의 의미

쉼 없이 흐르는 맑은 물은 신선함과 깨끗함을 유지시켜 준다. 인간도 마찬가지다. 흐르는 물이 멈춰 고이면 오염이란 결과가 초래되듯이 사람도 무슨 일이든 순환 노동을 함으로 삶의 가치를 이끌어낼 수 있게 된다.

일자리를 얻은 노인의 의료비가 연 55만 원 줄었다는 통계자료를 신문을 통해 보았다. (2013년 기준 우리나라 노인은 연평균 305만 원을 의료비로 쓴다고 한다.) 일자리 참여만으로도 의료비 절감 효과를 볼 수 있다는 이야기다. 노인은 일자리 참여를 통해 심리적 집중력과 마음의 건강을 얻는다. 사람들과 더불어 일함으로 마음의 병은 물론 각종 질병까지 고치게 되는 것이다.

일자리 참여는 노동 이상의 의미가 있는 듯하다. 규칙적인 순환의 조직만이 삶의 보람과 행복의 길잡이가 되는 것이다. 이런 과정에서 볼 때 고혈압, 당뇨, 관절질환 등 만성질환을 앓는 노인이라도 일자리 사업에 참여할 수 있도록 기회가 주어진다면 얼마나 좋을까. 노인들은 건강을 찾아서 좋고, 또 사회적으로는 의료비 절감 효과가 있으니 일석이조다. 이에 대해 서울대 행정대학원 교수는 일을 함으로써 생겨나는 사회적인 관계가 질병이 줄어들도록 하는 것 같다고 말한다.

같은 맥락에서 노인에게 사회적으로 자원봉사를 많이 할 수 있도록 다양한 기회가 주어져야 한다고 생각한다. 나보다 힘없고 어려운 사람들을 도울 때 느낄 수 있는 보람과 만족은, 심약한 노인들에게 새로운 활력을 불어넣어 줄 것이라 확신하기 때문이다.

시작과 끝

/

성공한 보험설계사들의 성공스토리를 신문에서 읽어보았다. 그들은 '낮은 자세'가 모든 인간관계 속에서 자신을 기억하게 하는 것 같다고 말했다.

이처럼 나를 기억하고 찾는 이들이 있다는 사실은, 그 사람으로 하여금 소중한 빛을 발하게 한다.

인간관계를 빼고 할 수 있는 일은 아무것도 없다. 그러므로 누군가와 좋은 관계를 맺기 위해서는, 무언가를 담을 수 있을 만한 그릇을 소유해야 한다.

나는 가족에게든 직원에게든 '시작과 끝'에 대해 수없이 강조한다. 시작과 끝은 오로지 만남의 역사이지만, 그것이 아름답기 위해서는 신뢰 그리고 공감대가 있어야 한다는 생각이다.

어느 위치에서든, 어느 환경 속에서든 나는 주어진 조직 속에서 최선을 다하려 노력했다. 상대가 무감각이라도 상관하지 않았다. 상대방이 내가 보여준 최선과 그 호의를 기억하고 있다가, 5년이 지나서든 10년이 지나서든 한 번 기억해줄 수 있다면 그것으로 만족한다고 생각했다. 마음을 다해 신뢰를 쌓는다면, 언젠가 나를 다시 찾는 날이 올 것이라는 희망을 붙잡고 모든 관계 속에서 진실하려 노력했다.

지금도 어려움 가운데 있지만, 이 순간을 내 삶의 슬럼프라 생각하지 않고, '항상 스스로 당당하게 활동하며 어떤 결과라도 받아들일 수 있는 마음'을 가지려 노력한다. 이러한 마음가짐이 다시 시작할 수 있는 불씨가 될 것임을 알고 있기 때문이다.

수북한 밥그릇

한국 사람은 밥심으로 산다고 할 정도로 밥에 대한 애착이 남다르다. 때가 되면 식사했느냐, 밥은 먹었느냐 등 인사를 나누는 모습이 다른 나라에서는 보기 힘든 풍경이다.

초등학교 때 도시락을 싸서 학교에 가면, 아침에 난로에 올려놓은 도시락에서 구수한 밥 데워지는 냄새가 그리도 좋았다. 굳이 시간을 따져보지 않더라도 그 냄새만으로도 점심시간이 가까워졌음을 알 수 있었다.

산에 땔감을 하러 갈 때도 도시락을 싸서 갔다. 지게에 도시락을 매달고 나무를 하다 시간이 되면, 불을 피워 도시락을 데워 먹었다. 어쩌다 숟가락을 잊어버리고 온 날은 싸리나무나 동나무 등을 꺾어 나무젓가락을 만들어 밥을 먹었다. '삶은 곧 밥'이라고 해도 과언이 아닐 정도로, 밥은 하루하루의 삶 가운데 많은 의미를 지녔다.

그 시절에는 쌀밥이 정말 먹고 싶었다. 어릴 적 남달리 가난했던 산골 오지의 생활이라 그런지 모르지만, 나는 주로 보리밥, 옥수수밥, 감자, 고구마 등을 먹고 자랐다. 쌀이 얼마나 귀했는지, 가정에서 평상시 쌀밥을 구경하기란 힘들었다. 옥수수를 맷돌에 갈아 알거지만 골라 밥을 하면, 그것이 한 끼 식사가 되었다. 그래도 품앗이로 우리 집 일을 하는 날이면 엄마는 보리에 쌀을 조금 섞어 손님 대접을 하셨다. 또 가족 중 누구의 생일이거나 아이가 태어나면, 쌀밥에 미역국의 진미를 맛볼 수 있었다.

60~70년대 남의 일을 하게 되면, 주인은 일꾼들에게 밥그릇을 수북이 채워 오목하게 담아주었다. 우리나라 사람들이 쌀을 배불리 먹은 지는 그리 오래 되지 않았다. 이로 인해 굶주린 사람들은 조금이라도 여유가 있으면 엄청난 양의 밥을 먹어두는 습관이 있었던 것이다. 또한 넉넉히 먹을 수 없는 시절이었기에 나누어 먹는 문화가 생긴 것인지도 모른다.

쌀이란 한반도에 비교적 늦게 들어온 곡식임에도 맛과 영양이 탁월하기 때문에 우리 식탁에 빠질 수 없는 음식이다. 쌀 전분은 소화흡수가 느려 급격한 혈당 상승을 막기 때문에 당뇨병 예방에 효과적이라는 설명도 있다. 잡곡을 섞어 밥을 짓고 다양한 여러 가지 반찬을 먹는 것이 우리의 조선 문화다.

그런데 언젠가부터 쌀의 의미가 사라진 듯하다. 탄수화물은 적게 먹고, 채소와 고기 섭취를 강조하는 시대가 되었다. 그나마도 밥 대신 빵이나 라면과 같은 음식으로 대신하는 이들이 늘어나고 있으니 아쉬움이 있다.

'밥' 이상의 의미를 지닌 무언가를 잃게 되는 것 같아 씁쓸한 기분이다.

겨울나기

살아 있는 모든 생명은 준비란 과정을 거친다. 미래를 향해, 겨울을 나기 위해 준비한다.

과거 시골에서는 농부들이 철을 따라 준비하는 모습을 볼 수 있었다. 늦가을이면 농부들은 지게를 지고 산에 올라 나무를 했다. 지게나 리어카를 끌고 땔나무를 구해 집 뜰에 한겨울 지낼 만큼 차곡하게 쌓아 놓고는 조금씩 때면서 겨울을 보냈다.

이처럼 힘든 계절을 극복하는 가장 일반적인 생존 전략은 '비축'이다. 꿀벌이 부지런히 꽃을 찾아 헤매는 것이나, 다람쥐가 입이 아프도록 먹을 양식을 담는 것도 다 생존을 위한 몸부림이다. 자신의 몸과 가족을 위해 무언가를 비축할 수 있는 창고는 누구에게나 있는가 보다.

또 다른 생존전략은 휴면이다. 환경 여건에 따라 어려울 때 일시적으로 생장을 멈추고 잠시 잠(동면)을 잔다. 물속이나 구덩이에서 한겨울을 낮잠 자듯 잠으로 지내는 개구리, 또 식물의 씨앗과 곤충류, 번데기 등도 휴면을 한다.

기후에 따라 환경이 열악한 시기가 오면 겨울이란 고난을 이겨내기 위해 '전략'을 만들어내기도 한다. 시기에 따라 옷을 갈아입는 전략도 쓰고, 삶의 환경을 찾아 이주하는 방법을 찾기도 한다.

지금 이 나라에는 정권에 따라 부정적인 전략이 많아 보인다. 그러나 수고와 희생이 결여된 전략은 아름다울 수가 없다. 부정부패를 담화하고도 무너지는 전략과 정치, 순수한 국민의 삶을 끌어다 비축하는 전략에 겨울을 온전히 날 수 있을지 의문이다.

저 높은 하늘 아래…

저 높은 하늘 아래
양털, 닭털, 솜 모양 같은 여러 회색 구름들
갖가지 깃털 같은 구름 모양
붉은 노을 빛 이리저리 펼쳐져 있구나
넓은 하늘 온통 오묘한 여러 색은 빛으로 물들어 있고
시간이 흐를 때마다 구름이 반사된 빛의 아름다운 모양을
자꾸 변하며 스치는 모습
구름에 반사된 빛은
은은하게 길과 자연 위에 내려 비추고
때론 먹구름 속 깃털 같은 구름과 빛이 지날 때
어둠을 비추듯, 오늘길 위에 구름과 빛이 안내하듯
낯선 사람은 그림자와
외로이 끝없이 걷는 뒷모습의 처량함은
오뚝이 같은 내 인생 고난은 외로움과 슬픔에 잠겨
또 다시 눈물을 흘리게 하는구나

기억

/

책이나 신문을 보다 예상치 못한 곳에서 가슴 뭉클함을 느끼게 되는 일들이 있다. 사람이나 동물이나 할 것 없이 모든 생명체란 자식에 대한 특별한 감정을 갖고 있는 듯하다.

"묻지도 말아라. 내일 날에 네가 부모 되어서 알아보랴"는 김소월의 시 한 구절이 가슴에 사무친다. 또 문태준 시인은 아무 걱정 없이 행복했던 어린 시절을 그리워하는 심정을 시에 담기도 했다.

"부모의 사랑을 받은 기억은 우리의 마음속에 고여 있다가 마중물을 만나면 샘처럼 솟아난다. 여기에서 마중물이란 사랑하는 연인이 될 수도 있고, 아이들이 될 수도 있다." 문태준의 시집 《가재미》에 실려 있는 내용이다. 이와 같은 시들을 읽으면 아련한 감정이 밀려온다. 모든 것이 그때를 기억하고 있기 때문이다.

"무른 나는 금강이라는 말을 모른다. 잠자리가 하늘에서 사라지듯"(그맘때에는 중에서).

문태준의 시에서 말하는 것처럼, 계절이 바뀌면 잠자리도 사라지듯 우리도 언젠가는 이생으로 사라질 것이다. 그러나 마침내 흙으로 돌아갈 때까지 우리를 버티게 하는 것, 그것은 누군가 사랑하고 누군가에게 사랑받았던 기억이 될 것이다.

사라진 날개는 어디에

/

장애로 온갖 사회적 차별과 모욕을 받으면서도 나는 지금까지 누구에게 금전적 도움을 구해본 일이 없다. 오로지 나 자신과의 싸움으로 살아내야 하는 하루하루가 말할 수 없는 고통이기도 했지만, 조건 없는 사랑으로 장애인들과 함께하는 길이 꼭 나쁘지만은 않았다. 그러나 아무리 노력해도, 사회의 시선은 변하지 않는 것 같은 생각이 들 때 참으로 암울하다.

희생의 고귀한 가치를 찾아 누군가의 어려운 삶을 위해 육체의 몸까지 아끼지 않으며 30여 년을 걸어왔다. 기부 출연으로 제도권에 들어왔지만, 모든 것이 나의 마음과 같지 않았다. 노동에 따른 운영비, 인건비를 주면서 법의 잣대를 들이댈 때면 속상한 마음 이루 말할 수 없었다. 좀 더 나은 시설을 위해 노력하는 마음은 짓밟히기 일쑤였고, 그들은 오로지 본인들의 목표 달성만이 목적으로 보였다.

헌신적 사명을 갖고 오직 앞만 보며 달려오는 동안, 결혼 25년이 넘도록 가족여행 한 번 제대로 해본 적 없다. 이제는 낙엽이 지고 외롭게 홀로 남은 겨울철의 앙상한 나무와 같이 되고 보니, 아내와 자녀들에게 책임 가장으로서 도리를 못한 것들이 생각나 괴로운 마음이다.

누군가의 일을 돕다 일그러져 사라진 날개 한 쪽을 바라보고 있자니, 그 시절 삶의 청춘이 그립고도 그립다. 지금의 이 몸은 무성한 잡초에 갇혀 애통할 뿐, 머잖아 정금 같은 그날이 올까 하는 기대로 저 높은 곳을 바라본다.

제 2 장

모퉁이에 서서

♦

세상과 단절된 공간 안에서

책과 신문이라는 창을 통해

세상을 바라보며

소소한 생각들을 기록한 것입니다.

오너인가 리더인가

어느 고위급 임원의 사무실에는 색깔 있는 음료수가 없다고 한다. 그는 평소 업무보고를 받다가 화가 나면 직원들에게 마시던 음료수를 끼얹는 일이 잦았다고 한다. 이를 보다 못한 비서가 직원들을 보호하는 차원에서, 그 임원의 냉장고를 물이나 투명한 색 음료만으로 채우게 되었다는 이야기다. 사실인지 지어낸 이야기인지 알 수 없지만, 오죽하면 이런 이야기까지 나왔을까 싶다.

리더 가운데 독선적인 사람이 더러 있다. 아랫사람들을 함부로 대하며 직언을 일삼는다. '내가 잘 안다'고 착각한다. 이러한 행동은 인성 문제에서 그치는 것이 아니다. 그런 리더는 인간관계와 그 안에서의 심리가 얼마나 중요한지, 또 그것이 조직의 위기가 될 수 있다는 것을 모르기에 경계해야 한다.

리더들이 갖춰야 할 가장 중요한 덕목은 '겸손함'이라고 경영 석학들은 말한다. 겸손하지 못한 리더는 자신이 일선 직원들보다 많은 것을 안다고 착각한다. 즉, 인간관계에 있어 상대를 무시하는 태도다. 이러한 리더에게서는 향상을 기대하기 힘들다.

어느 기관이든 생산적인 생각의 80퍼센트는 현장에서 나온다고 모 경영대학원 교수는 말했다. 현장에선 생각지 못했던 아이디어가 자유롭게 나온다. 그리고 그것이 때로는 기적을 낳는다. 이러한 조직이 되기 위해서는 함께하는 '공유의 조직'이 되어야 한다. 더 큰 조직에서의 리더가 되기 위해서는 '겸손함과 열린 마음'을 가져야 한다는 조언이다.

오만에 빠진 리더는 관계 속에서 적응력이 떨어질 수밖에 없다. 과거에 어떤 일이든 성공을 거둔 보람과 경험으로 인해, 똑똑한 리더일수록 함정에 빠지기 쉽다. 특히 자신이 '오너'라는 생각은, 머무르고 있는 자신의 위치와 환경 속에서 지배하고자 하는 오만과 장애물을 만들어내기 쉽다. 오너라는 생각은 실패를 외부의 탓으로 돌리게 하고, 자신의 부족함을 파악하지 못하게 한다.

오만하고 과도하게 분노를 표출하는 리더는 좋은 인재를 쫓아내기 쉽다. 그들의 의욕을 꺾어버린다. "역량을 가진 인재들은 자신이 머무는 분야에서 영향력을 발휘할 수 있는 기회를 주지 않는 리더와는 일하지 않는다"라고 하는 이야기를 들은 적이 있다.

많은 이들에게 선망의 직장인 구글은 인재 채용 시 '겸손함'을 주요 자질로 뽑는다. 그것은 그저 말 잘 듣고 착한 직원들을 뽑겠다는 것이 아니다. 어떠한 일이든 인간관계를 통한 시작과 끝의 원리를 알고, 아주 작은 하찮은 일이라도 겸손함으로 할 수 있는 사람을 회사의 일원으로 받아들이겠다는 의미일 것이다. 열린 마음으로 배우고 성장하는, 조직을 발전시키려는 책임자를 길러내겠다는 뜻이 아닐까 한다.

법이라면 할 말 없지만

/

2015년 4월 13일 조선일보에 대한변협 회장의 인터뷰 기사가 실렸다. 전관비리를 제동걸어야 한다는 내용의 기사였다.

법조계의 관행인지 모르겠지만 이로 인한 피해자들의 억울함과 누명은 대책이 없는 듯 보인다. 이 사회는 정치 성향에 따라 크고 작은 변화들이 유동적인 듯 보인다. 그러다 보니 국가가 가는 그 길 가운데 무성한 잡초가 자라고, 결국에는 그 잡초들이 국민들에게 위협으로 다가온다.

대한변협 회장은 "밑바닥에서 출발한 사람은 두려울 것이 없다"고 했다. 모든 일은 밑바닥에서부터 시작해봐야 본인이 속한 조직의 잘못과 뽑아야 할 잡초가 무엇인지 보인다는 의미일 것이다. 화려한 판검사, 전직 대법관의 전관예우가 창조의 길을 가는 국민들에게 어떠한 의미로 다가올지 의문이다.

성완종 회장의 죽음을 둘러싸고도 의문점이 많다. 검찰 수사에 대한 심리적 압박이 자살 요인으로 작용했을 것이라는 것이 많은 이들의 시각이다.

죽은 자는 말이 없다. 그러므로 우리는 그가 어떠한 이유로 스스로 죽음을 택했는지 정확히 알 수 없지만, 수사 도중 극단적 선택을 하는 많은 기업인들이 왜 그러한 선택을 했을지 궁금하지 않을 수 없다.

다시 본론으로 돌아와서 전직 대법관의 변호사 개업 제한의 쟁점은 무엇일까. 비리 방지와 직업 선택의 자유 침해 사이의 논란이다. 전직 대법관의 변호사 개업 제한이 직업 선택의 자유를 명시한 헌법에 어긋난다고, 헌법에 보장된 영역의 자유를 제한한다고 하는 것이다.

그러나 누군가는 대법관 출신 변호사를 얻기 위해 대출까지 해서 바칠 정도라고 하니 어떻게 해야 하는 사회 질서인지 의문이다. 법을 따지면 할 말이 없다.

그저 떠도는 소문인지 모르겠지만, 대법관 출신인 어떤 변호사는 3년에 100억 원을 벌었다고 한다. 이것이 사실이라면 대법관 출신 변호사들의 특별 관리가 아니라, 아예 변호사 수입에 한계를 두고 한계가 넘으면 박탈해야 하는 것은 아닌지 싶다.

모두가 그런 것은 아니겠지만 어떤 이들은 의뢰인의 여러 가지 어려운 처지에도 불구하고 건당 3~5천만 원까지 대중없는 값을 요구한다고 한다. 살아남아야 한다는 목적으로 하루가 천년 같은 시간을 보내고 있는 피의자와 또 그 생명을 살리고자 수단과 방법을 가리지 않는 가족들을 상대로 이와 같은 수임료를 요구하는 것이다.

근거 없는 소문인지, 진실인지 알 수 없지만 때로는 1심, 2심을 다 이겨도 상대에 따라 대법관 출신의 이름을 보면 뒤집어지는 판례가 있다고 하니 기가 막힐 노릇이다. 대법원에서는 절대 그런 일이 있을 수 없다고 하지만 외부에서는 그러한 식의 성공을 바라는 피의자들이 있음을 살펴야 할 것이다.

대한변협 회장은 순차적인 사법개혁을 주장하지만 임기가 만료되면 누구든 계획은 허수아비가 되기 쉽다. 누구를 막론하고 차별 없는 자유와 권리를 누리는 맑은 사회 조직이 되었으면 하지만 갈 길이 멀어 보인다.

어머니를 잘 모셔야 하는 이유

/

미국의 과학 전문 사이트 '라이브 사이언스'에서 자식들이 어머니를 잘 모셔야 하는 이유에 대해 소개한 글을 신문을 통해 읽게 되었다.

과학 전문 사이트에서 밝힌 내용이라고 하니 어머니를 잘 모셔야 하는 이유가 과학적으로도 근거를 제시해준다는 의미일까? 이미 알고 있는 내용들이기는 하지만 아무리 반복해도 무리가 없는 주장이기에 다시 한 번 되새겨본다.

라이브 사이언스에서 제시하고 있는 '어머니를 잘 모셔야 하는 이유'는 다음의 네 가지로 요약된다.

첫째, 어머니는 많은 고통을 겪는다는 것이다. 출산의 고통을 말한다.

둘째, 핵가족화의 영향으로 어머니는 도움 받을 곳이 적어졌다. 자녀와 멀어지며 청소 등의 도움을 받기가 힘들어졌다.

셋째, 생물학적으로 자식은 어머니에게 더 가까운 존재라는 것이다. 인간 유전자의 절반이 어머니에게서 받는다고 하지만 어머니의 유전자가 자녀에게 더 큰 영향을 미치는 것으로 밝혀졌다. 태아가 자궁에 있을 때 엄마가 스트레스 받을 경우 아기의 불안 장애 위험이 크다는 연구 결과도 있다.

넷째, 어머니는 자식 때문에 평생 속 썩는 존재이기 때문이다. 자식들이 아무리 노력을 해도 고뇌와 실망은 언제나 어머니를 따라다닌다. 자녀가 성인이 되어도 어머니는 마지막 순간까지 애를 태운다.

“나는 어머니의 기도를 기억한다. 그 기도는 언제나 나를 따라다녔다.” (링컨 미국 16대 대통령)

준비된 그릇이 되려면

/

사람은 준비된 그릇만큼의 복을 받는 것 같다. 어떤 그릇을 준비했느냐에 따라 받는 복에 차이가 있다.

준비된 그릇이 되기 위해서는 먼저 배려와 겸손함을 배워야 한다. 또한 조직 안에서 공유하는 것이 무엇인지도 깨달아야 한다. 그런 후에 비로소 아름다운 하나님의 복으로 그 그릇을 채울 수가 있게 된다.

반면 세상에서 개인적 이윤을 위해 일하다 보면 삶의 가치가 부정적이 될 수밖에 없다. 그리고 그 그릇은 결국 하나님이 원치 않으시는 쭉정이만이 채워지는 그릇이 된다.

인간은 누구든 서로의 관계 속에 공유하며 살아간다. 아름다운 그릇을 소유한 자는 그 그릇을 올바르게 채울 수 있다. 목표를 세우고 계획을 추진하는 가운데 선한 것들로 그릇이 채워지는 것을 경험하게 된다.

자전거를 처음 탈 때는 자꾸 넘어지지만 시간이 지나면서 잘 탈 수 있는 것처럼, 준비된 그릇이 되기 위해서는 끊임없는 연단의 과정이 요구된다.

목숨을 내놓겠다고?

조선일보에 실린, 어느 정치부 기자의 글을 읽었다. 리스트 파문 중에 나온 기자 수첩이다.

국가에서 두 번째란 힘을 갖고 국민을 바라보는 총리가 있다. 그는 인사청문회를 거쳐 어렵게 두 번째 가는 자리에 올랐다. 그러면서 언젠가 임명되자마자 수많은 기자들 앞에서 국민을 향해 담화를 발표한다. 높은 권력에 오르니 뭔가 보여주겠다는 생각을 가졌을 것이다. 그는 담화를 통해 부정부패란 것을 뿌리 뽑겠다고 한다. 한 점의 의혹 없이 누구를 막론하고 말이다. 그런데, 부패척결을 선포한 그 다음날, 검찰은 어느 건설회사의 압수수색을 발표한다.

그는 국회 대정부 질문에서 “증거가 나오면 목숨을 내놓겠다”는 발언을 했다. 의혹이 생기자 이러한 말을 하는 총리 앞에서, 국민과 검찰은 어떤 생각을 할까 싶다. 목숨을 내놓는다는데 검찰은 어느 정도 수사에 독립적인 일을 행할지 미지수다. 어떤 검사가 증거를 찾을까? 국가와 민족을 대표하는 권력자가 할 말이 따로 있지는 않을까.

한편에서는 "목숨을 걸겠다"는 말은 쉽게 할 수 있는 것이 아니라며 총리의 발언을 비판한다. 여당 야당 가리지 않고 비판은 계속되지만 그는 발언을 취소하지 않는다. 오히려 총리이기 이전에 한 인간으로서 목숨을 걸고 한 발언이었다고 말했다는 게 기자 수첩의 내용이다. 절박함에 목숨 발언이 나왔다는 것이다. 정치부 기자는 자살률 1위라는 불명예가 10년 넘게 달려 있는 국가의 총리가 해서는 안 되는 말이었다고 꼬집는다.

전직 대통령, 고위 공직자, 유명 기업의 인물들까지 자살을 선택한 이들이 너무 흔하게 보인다. 목숨을 내놓겠다는 그 말은 생각할수록 비정상적인 책임자의 자세다. 그런 이유로 면죄부가 통하는 길이 있는지 모르겠다. 왜래 그런 풍토인지 한다. 어느 위치에 있든, 누구를 막론하고 인간의 존엄성에 대해서는 신중해야 하지 않을까.

나도 말주변이 없어 선한 일을 한다고 하면서도 오해받는 일들이 종종 있다. 다시 한 번 깊은 생각을 하게 된다. 가장 낮은 곳에서부터 높은 곳까지, 모든 것이 공유라는 이름으로 함께할 수 있다면 얼마나 좋을까. 소유하는 삶이 아닌 공유하는 삶이 된다면 어떠한 조직이든 바른 길을 갈 수 있지 않을까.

경고등을 살피라

/

"생각의 실패는 능력 부족이 아닌 변화의 거부 때문이다."

미 다트머스대 경영대학 부학장의 말이다. 그는 《실패에서 배우는 성공의 법칙》이란 책에서 실패하는 CEO의 7가지 습관을 제시한 바 있다.

요약하자면 교만, 겸손 부족, 자기만족과 안주, 다른 모든 이들보다 더 많이 알고 모든 대답을 쥐고 있다는 착각, 자신과 기업의 환경을 지배한다는 오판, 중요한 장애물에 대한 과소평가와 적응력 결여 등이다.

운전 중 자동차에 경고등이 켜지면 곧바로 차를 갓길에 주차하고 고장 난 부분을 찾아 고쳐야 한다. 그러나 실패하는 사람들을 보면 인생길에서 경고등이 들어왔는데도 멈추지 않고 잘못을 인정하지 않는다. 심지어 경고등을 아예 무시해버리고 더욱 속도를 내기도 한다.

충분한 정보를 갖고 있음에도 불구하고, 다시 돌아설 만한 능력이 있으면서도 모든 경고를 무시해버리고 아무런 행동을 취하지 않는 사람은 실패할 수밖에 없다. 무지하거나 능력이 부족해서, 혹은 정보가 부족하거나 환경 변화를 읽지 못해서가 아니라 잘못을 인정하고 개선하려는 마음이 없어서 실패하는 것이다.

그렇다면 리더가 갖추어야 할 요건은 무엇이 될까.

어떤 일이든 책임감이 매우 중요하다. 조직에 책임감을 불어넣어야 한다. 또한 변화에 민감해야 한다. 능력은 자신의 경험에 대해 과신하지 않고 냉철한 태도를 유지하는 데서 나온다. 경험이 독이 된다는 것은 아니다. 세상이 바뀌었다. 예전과 다른 환경이다. 과거는 쓸모가 없다. 즉, 부모가 아이를 키울 때 첫째아이 키울 때, 둘째아이 키울 때 특성에 맞게 교육 방식을 채택해야 하는 것과 같다. 변화에 맞는 조절과 조정이 있어야 한다.

무엇보다 중요한 능력은 재능 있는 인재 육성이다. 리더가 다른 훌륭한 리더들을 키워내는 것은 뛰어난 리더가 갖추어야 할 덕목이다.

또한 자기 자신과 조화를 이루는 삶이어야 한다. 공유는 진실해야 한다. 참된 조화란 중요한 사람과 즐거운 시간을 소유하는 것이 아니라 공유하는 것이다.

지식보다 중요한 것은 상상력이다. 지식은 한계가 있고 상상력은 세상의 모든 것을 끌어안는다. 정의를 포기하지 않고 자신이 해야 할 일에 최선의 마음을 쏟는 공유의 자세가 필요하다.

이런 대통령

남미 우루과이 전 대통령인 호세 무히카는 퇴임을 하면서 이런 말을 했다고 한다.

“나는 떠나는 것이 아니라 여러분의 곁으로 돌아가는 것입니다.”

그는 군사 독재 정권에 항거해 게릴라 활동을 하다가 14년간 감옥생활을 했다. 정치인 가운데 가장 위대한 남미 지도자로 불리며 노벨평화상 후보에도 두 차례나 올랐다.

그는 정치가이면서 한편으로는 인생 선생으로서 우리들에게 삶의 철학을 깊이 생각하게 한다. 그동안 지낸 궁을 노숙자에게 내주고 농가 사저에는 28년 된 자동차를 끌고 출퇴근했다는 그의 이야기는 잔잔한 감동을 준다. 그는 또한 취임 때보다 퇴임 때 더 높은 지지율을 받았으며, ‘훌륭한 대통령’이기 이전에 ‘훌륭한 시민’이었다는 평을 받고 있다. 표현하기 힘든 고난의 장애물을 지나 참 리더의 자리에 서게 된 대통령, 폐차를 해야 하는 28년 된 자동차를 몰고 출퇴근하는 그의 모습을 상상하며 많은 생각을 하게 된다.

지금 우리는 정권에 따라 부정부패에 결전이 끊임없이 솟아나고 있는 상황이지만, 그래도 호세 무히카와 같은 리더들이 많이 생겨난다면 희망이 있지 않을까 하는 기대를 가져본다.

정답

/

언젠가 동료들과 식사를 하면서 창의력에 대해 이야기를 나눈 적이 있다. 창의력을 향상하기 위한 방법에 대해 서로 의견을 내놓는데 결론은 없다. 교육을 받고도 다들 도움이 안 된다는 말들뿐이다. 어떻게 하면 창의력을 키울 수 있을까. 답답한 마음에 인터넷 검색창에 '창의력'을 입력해 보니 1만 권이 넘는 책이 검색된다. 이 책을 다 읽으면 되는 것일까. 나는 이내 무언가 정답을 얻으려 했던 나의 생각이 잘못되었다는 것을 알게 되었다.

일상생활에서 주고받는 이야기에 반드시 정답이란 존재하지 않는다. 그러니 결론을 못 내었다고 한들 속이 상할 필요까지는 없을 것 같다. 예를 들어 아이가 부모에게 질문을 했다고 가정해본다.

아이 : 엄마아빠는 어렸을 때 꿈이 뭐였어?

부모 : 글쎄다. 꿈이 있기는 있었지.

아이 : 그 꿈이 뭔데? 왜 그런 꿈을 갖게 되었어?

부모 : 그건 말이다.

아이 : 그럼 지금은 꿈이 뭐야?

부모 : 네가 공부 열심히 하는 것.

아이 : 그런 것 말고.

부모 : 엄마아빠 꿈 말이야?

아이 : 지금은 왜 꿈이 없는데, 없는 건 아니야?

이런 질문을 끝내버릴 모범적 답이 있을까. 모든 질문이 길을 찾기 위한 것은 아닐 것이다.

꼬리에 꼬리를 물고 생각이 이어질 때, 우리는 자신이 생각한 그 길이 맞는지 확인받고 싶어진다. 그래서 깊은 생각 속을 헤매며 그 길이 맞는지 궁금해한다.

저마다 가는 길이 다른 것처럼 생각도 다르고, 누구든 자신이 지나온 과정을 거쳐 선택한 답이기에 그 답을 존중해주어야 한다. 그러면서 답을 내고 그 답에 책임을 져야 하는 과정이 따를 것이다. 다만 누구든지 자신이 찾은 답에 대해 설명을 할 수 있어야 존중을 받을 수 있다. 말하는 이와 듣는 이가 서로 자연스럽게 문제를 지적하고 수정해 나아가면서 다시 생각해보는 관찰 과정을 반복하다 보면 답에 정확히 접근하게 되지 않을까.

인생에 정답이 없다는 말은 마음을 편하게 해주는 말이기도 하지만 어떠한 답도 괜찮다는 뜻으로 새길 수는 없을 것이다. 그러므로 우리는 인생의 어떤 분야에서든 답을 찾기 위해 늘 노력하고 있는지 돌아봐야 한다.

자영업 솔루션

많은 이들이 직장을 그만두고 자영업을 선택하지만, 사실 자영업이라는 것이 생각만큼 쉬운 일은 아닐 것이다. 하나부터 열까지 스스로 생각하고 해결해나가는 과정은 자기 자신과의 싸움과도 같다고 할 수 있다.

어떤 이들은 상호를 변경하고 간판을 바꾸며 사업이 더욱 번창하기를 기대한다. 그러나 상호가 변경되었다고 해서 꼭 사업이 잘 되는 것도 아니고, 간판이 바뀌었다고 손님이 늘지도 않는다. 업종에 따라 자신이 어떠한 자세를 갖고 클라이언트와 소통하느냐가 중요한 문제다.

업종에 따라 요구되는 것이 각각 다르겠지만, 일반적으로 충실함은 공통적으로 요구되는 덕목인 것 같다. 또한 남과 비교하지 않고, 지역의 상황이나 심리를 파악할 줄 알고, 신선한 생각을 갖고 인간관계에 접촉이 있을 때마다 공유하는 자세가 자영업에 활기를 가져다주지 않을까 하는 개인적 생각이다.

다음은 어느 카드 회사의 드림 실현 프로젝트팀이 뽑은 '자영업 솔루션 10가지'다.

- 가게만의 개성을 이름으로 보여주라. 가게의 특색과 이름이 영업의 시작이다.
- 업종 본질에 충성하라. 업종에 따라 신선함을 보여주고 포기하지 않는 기본 기준의 서비스를 하나 먼저 세운다.
- 아는 만큼 성공한다. 치열한 공부와 연구, 가장 인기가 있는 가게 탐방의 노력이다. 즉 정보일 것이다.
- 무리한 욕심을 버린다. 대박을 기대하기보다 작은 것부터 지속적으로 끝까지 개선하고 도전을 포기하지 않고 연구하는 자세가 필요하다.
- '목'보다는 '누구'를 분석하라. 목이 나쁘다고 탓하지 말고 지역에서의 유동과 그 길을 지나는 클라이언트의 욕구와 분석이 필요하다는 내용이다.
- 영업의 간판은 얼굴이다. 상대방의 관심이 한눈에 들어올 수 있어야 한다.
- 사람의 마음을 공략하라. 늘 친절하고 진실한 느낌이 들도록 하라. 다른 사람을 만나도 나를 통해 얻어간 '덤'을 전달하고 이야기할 수 있을 정도의 포인트를 주어야 한다.
- 미루면 망한다. 문제가 발생하면 즉각 고치도록 한다.
- 영업 운영에 매뉴얼을 만들라. 주먹구구식이 아니라 질서를 지키듯 운영의 방침을 지키고 그것을 정리하는 과정이 필요하다.
- 평생직장으로 생각하라. 영업장에서는 손님에게 컨디션 좋은 주인의 마음을 전달해야 한다. 개인 감정을 타인에게 영향을 주어서는 안 되며 늘 기본적인 체력 관리, 건강한 모습을 보여주는 것이 바람직하다.

찰칵! paper는 어디로…

/

신경통으로 인해 매우 괴롭고 힘든 시간을 보내던 중, 신문에서 '찰칵'이란 글을 읽게 되었다. 평소 많이 생각해오던 문제인 만큼 많은 공감을 할 수 있었다.

인간은 찰칵, 하는 순간 기적 같은 생각을 해내곤 한다. 그리고 그러한 순간의 기록이 중요한 역사가 되기도 한다.

어린 시절 우리는 공부를 하면서 연필을 깎을 일이 많았다. 그렇게 배움의 끈은 60년대, 70년대, 80년대까지 이어졌다.

세월은 오늘에 이르기까지 헤아릴 수 없을 만큼 변했다. 국민학교가 초등학교로, 흑백카메라가 컬러사진으로 변한 것도 모자라, 이제는 스마트폰 하나면 모든 것이 가능할 만큼 편리한 시대가 되었다. 역사적 변화라고 보아도 될 정도이다.

어떻게 보면 펜은 과거 지식인들의 상징과도 같았다. 그러나 요즘은 일류 명문대학, 대학원을 나왔어도 종이에 펜으로 기록하는 모습은 찾아보기 힘들다. 종이가 사라지는 것이 아닐까 많은 생각이 든다. 종이에 글을 손수 쓰면서 우리는 마음의 감각과 재주와 인지를 일깨우게 된다. 글 하나하나에 그림을 그리듯 솜씨가 나타

나는 과정을 겪으며 무슨 일을 하더라도 쉽게 해낼 수 있다는 자신감도 가질 수 있다.

고등학교 때까지만 해도 수업시간이면 선생님이 하얀 분필로 칠판에 글을 가득 채웠다. 그리고 학생들은 하나라도 놓치지 않으려고 혼신을 다해 받아 적었다. 이것이 바로 글을 쓰는 솜씨와 재주로 남았다. 그런데 요즘은 강의 시간에 글을 쓰는 모습이 보기 힘들다고 한다. 노트 필기란 이제 사라지는 것 아닌가 하는 우려가 있다.

이러한 기록의 문화를 대신하고 있는 것이 '찰칵'하는 스마트폰 사진이다. 요즘 어딜 가도 빠지지 않는 것이 바로 스마트폰이다. 때와 장소를 가리지 않고, 강의 시간이든지 어떤 교육에서든지 사람들은 찍어대기 바쁘다. 종이와 볼펜을 보기가 힘들다. 강의의 중요성을 나타내면 강의를 듣는 모든 사람들은 사진을 찍어댄다. 사람마다 강의 시간에 찰칵하는 소리에 마치 무슨 기자회견장에라도 온 듯하다.

식당에 가서도 주문을 하고 음식이 나오면 먼저 먹기 위해 움직이는 것이 아니라, 이리저리 돌려가면서 사진을 찍어댄다. 옆 사람에게 실례를 마다하지 않고 좋아서 어딘가 저장하고 선전하기 바쁘다. 찰칵이란 소리가 타인의 신경을 거슬리게 할 수도 있다는 생각은 좀처럼 못하는 눈치다. 나름대로의 어느 한계가 정해져 있겠지만, 타인의 방해 범위는 예상치 못하는 듯하다.

편리함도 좋지만, 소중한 자신의 기록을 남기기 위해 paper를 잊지 않았으면 한다.

삶을 마케팅하라

세계적인 미래학자인 대니얼 핑크는 《파는 것이 인간이다》라는 책을 통해 무슨 직업이든 누구든 무엇인가를 파는 세상이라는 주장을 했다. 어떻게 보면 세일즈의 전성적인 시대를 말하듯 '나는 판다, 고로 나는 존재한다'는 이 말을 깊이 생각하면 우습게 볼 일은 아니다.

그렇다면 내가 파는 것은 무엇일까? 과일 장수는 과일을 팔고 농사꾼은 농사짓고 의사는 치료와 예방을, 옷장수는 옷을 판다. 유형의 상품이든 무형의 상품 가치든 무엇인가 내가 가진 것이라면 판다. 누구든 삶이란 매 순간 속에 이 범주에서 벗어나지 않는다. 이러한 순간들이 모여서 일상이 되고 삶이 되는 것이다.

'마케팅'을 '삶'이라고 보는 데는 이유가 있다. 첫째는 모든 제품에는 브랜드가 있기 때문이다. 기업의 마케팅 활동을 살펴보면 브랜드 인지도, 고객 충성, 긍정적인 브랜드 연상, 브랜드의 품질, 특허보호와 독점적 자산 관리를 위해 최선을 다한다.

조금 시선을 돌려 생각해보자. 나의 능력과 가치를 팔며 살아가는 내 삶의 터라는 관점에서 보면 나의 이름이 '브랜드'가 된다. 그렇게 파워와 브랜드가 접목되면서 마케팅이 이루어지는 것이다.

나 자신이 파워 브랜드가 되기 위해서는 먼저 유명해져야 하고, 나를 좋아하는 사람이 많아야 하고, 주변 사람이 나에 대해 긍정적으로 이미지를 떠올리고, 내 능력을 좋게 평가하고, 법적으로 인정받을 수 있는 자격증이란 면허증을 많이 갖고 있어야 한다. 또한 시장에서 쉽게 찾을 수 있어야 한다.

과일이나 야채를 파는 인심 좋은 할머니를 본다. 단골이든 꼬마가 오든 관심을 가지면 한번 맛 좀 보라고 선뜻 하나를 건넨다. 이유가 뭘까. 할머니가 '마케팅' 공부를 해서일까. 물건을 팔려는 것보다 친구처럼 이웃처럼 가족처럼 여기는 것이다. 그래서 맛만 보라고 팔고 있는 어떤 과일을 집어 쓱쓱 문질러 건네주는 순수한 정과 마음을 본다.

예를 들어 필립 코틀러가 《마켓 3.0》에서 말했듯이 마케팅이라는 것은 상대의 영혼을 감동시키는 진정성이 관건이다. 돈만 밝히는 사람들은 마음을 닫는다. 핵심의 포인트는 고객을 어떻게 대할 것인가 하는 인간관계 철학에서 나온다.

나의 철학은 무엇일까. 선의후리(先義後利), 덕본재말(德本財末)은 재물이나 금전보다 의로움과 덕을 우선하라는 옛 가르침의 말이다. 수백 년 전 옛사람들의 어떻게 살 것인가에 대한 철학이 지금의 현장에서 이와 같이 접목되고 있다.

직종을 막론하고 새로운 고객 가치를 만들어내지 못하면 선택받을 수 없는 세상이다. 마케팅이 필요 없는 분야가 있을까. 누가 뭐라고 하든 어떻게 팔 것인지에 대한 고민과 생각이 있어야 한다. 마침 새로운 출발인 듯 생각이 깊어야 무언가 볼 수가 있다.

다시 말하지만 나의 이름은 나의 브랜드가 된다. 고객들과 공유된 나를 마케팅하며 살아갈 수 있어야 한다. 구수한 향기가 있어야 하고, 그러기 위해서는 누군가와 접촉할 때마다 나의 브랜드를 알릴 수 있어야 하겠다. 더 나아가 관계 속에서 질그릇이 될 때 나의 브랜드는 차고 넘치게 될 것이다.

– '마케팅은 삶! 당신도 파워브랜드가 될 수 있다'는 안병민 열린 비즈랩 대표의 글을 인용 발췌했다.

유전 불구속 무전 구속

법원과 검찰 사이에는 어떤 거리가 있을까. 업무상 법원과 검찰은 별개로 볼 수 있지만 실은 그러하지 않고 어느 지역을 가도 검찰과 법원은 한 건물 아니면 옆에 같이 있는 듯 보인다. 서로가 얼굴을 마주하고 콘텐츠를 공유한다. 이런 과정에서 유전 불구속 무전 구속이란 말이 생기지 않았나 생각되기도 한다.

우리나라는 정권에 따라 법이 다르다고 느낀다. 약자는 법의 정의에서 누명을 써도 벗어날 길이 없다. 대통령과 총리가 선언한 부패와의 전쟁은 그 대상이 누구에 국한하는지 궁금하다.

모 회장의 구속영장이 기각됐다. 검찰의 표현대로 유전 불구속 무전 구속도 아니다. 재계에 따라 모 회장의 구속 기소, 또 모 회장의 영장 기각은 불구속 기소, 모 회장은 검찰 스스로 불구속 기소되었다. 판사는 일부 범죄 혐의에 관한 소명장도 수사 경과에 비추어 필요성이 인정되는지 등 결론을 내린다. 발부냐 기각이냐 기로에서 고민일 것이다. 이정도의 기로에 있다면 주로 정권의 권력이나 정치와의 연결고리나 위상적인 기업이든 권력의 눈치와 압력일 것이다.

반대로 보통의 국민이 심판대 위에 섰을 때 같은 기로에서 고민을 할까 하는 생각이 개인적으로 든다. 어떻게 보면 차별적인 일이 아닐까 한다.

대통령이나 정치인들의 선언이 선포되거나 담화 발표가 있을 때 수사란 소나기처럼 진행된다. 법이란 법의 정의에 따라 각자 맡은 일에 최선의 일과 노력이 있어야 하고, 권력의 누구를 막론하고 법대로 정의가 구현되어야 한다. 그것이 전례가 되었든, 무엇이 되었든, 눈치를 보는 법은 잡초에 불과할 것이다.

법원, 검찰, 경찰이라면 민주사회 국민의 질서를 위한 법의 무적일 것이다. 국민의 가장 낮은 수준이든 정권의 권력이든 올바른 정의를 찾아 교정이 되고 바른 삶의 길이 되게 만드는 일이 중요하지 않을까 싶다. 보통 검사들은 인지수사를 할 때 목표한 피의자를 구속하면 '골인시켰다'고 표현한다. 검사는 어떤 일이든 자신의 성과를 드러내고자 한다. 뜻하지 않은 판단 실수와 언어의 표현이 힘들어 억울함 가운데 있는 피의자 앞에서도 검찰은 진정으로 자신의 성과가 중요할까 싶다. 인간의 존엄성을 존중하면서 법의 논리가 질서를 유지할 수 있도록 하는 법의 자세가 되어야 하지 않을까 한다는 뜻이다. 조급한 성과를 위해 법의 자세가 틀어져서도 안 될 것이며 법원이든 검찰이든 구속 수사의 목표가 아니라 죄를 지은 인간이라면 기소해서 법원에서 유죄 선고를 받게 하는 올바른 정의를 실현해야 하는 것 아닐까. 검찰이든 법원이든 진정한 정의와 사실을 찾아 알게 하며, 그것이 잘못되었을 때 죄의 구속이 무엇인지 알게 하는 조치가 필요하지 않을까.

신뢰와 의리

우리나라에는 부조문화라는 것이 있다. 이웃에 경사가 나면 정성껏 얼마를 가져가 부조하고, 또 자신에게 큰일이 생기면 지인들을 초대해 기쁨이든 슬픔이든 함께 나누는 문화다.

그 안에는 누구든 받은 만큼 상대방에게 부조하는 '의리'가 숨어 있다. 내가 아무리 경제적으로 힘든 상황에 있다고 하더라도, 상대방에게 받은 만큼을 돌려주기 위해 양심껏 빌려서라도 부조하며 이웃을 모른척하지 않는다. 그런데 권력의 정치판은 주고받는 신뢰와 의리조차 없는 것인지 안타까운 마음이다.

과거 시골에서는 천막을 치고 노래하면서 춤도 추고 구수한 가마솥 단지에서 김이 모락모락 나는 냄새에 정을 나누며 품앗이하듯 의리를 나누었다. 그런데 정치판의 사람들은 언제 그랬냐는 듯 얼굴도 모르는 일, 만난 적도 없는 일이라 하며 살아남기 위한 일에 그 소중했던 모든 의리를 버리는 듯 하니 어떻게 생각해야 할지 모르겠다.

성완종 전 경남기업 회장의 죽음을 둘러싸고 이야기들이 많다. 그런 가운데 김태익 논설위원은 조선일보 만물상 칼럼을 통해 이

것이 신뢰와 의리의 파장이 아니겠느냐고 이야기한다. 그는 받은 만큼 주는 만큼 이쪽저쪽 서로의 의리를 기대했던 것으로 보인다. 인간이란 우리가 남이냐 아니냐 하다가도 어려움에 닥치면 제 목숨부터 살고 보자는 듯 받고도 발뺌하는 심리가 있다. 죄를 묻기 이전에, 신뢰와 의리란 무엇일까 생각해보게 된다.

– 성완종 전 경남기업 회장의 죽음에 대해 김태익 논설위원이 쓴 글을 인용 발췌했다.

무엇을 담을 것인가

/

우리는 생활 속에서 어려운 일이나 부정적인 사건을 만날 때, 혹은 마음이 불쾌할 때 본인의 부족함을 나타내는 말을 하게 된다. 그러면서 스스로 그릇이 부족한 것은 아닌지 의심해보게 된다.

사람은 누구나 마음속에 그릇 하나씩을 갖고 있다. 그래서 어떠한 상황을 받아들이기 힘들 때 흔히들 "난 누구처럼 그릇이 부족한가 봐"라는 말을 한다.

누구나 생각하는 그릇은 다 있지만 그 마음의 그릇에 어떤 것을 담느냐, 그리고 어떤 것이 남겨져 있느냐가 중요한 것 같다. 소중한 그릇이 있다면 나쁜 것을 담고 싶지 않을 것이다. 그릇이 소중할수록 더욱 값진 것을 담으려고 수단과 방법을 가리지 않는 것이 인간의 심리다.

우리는 종종 성공을 이루기 위해 투명성까지 저버리고 개인의 목적을 드러내고자 하는 잘못된 그릇의 소유를 보게 된다. 그들은 빨리빨리, 안 되면 다시 한 번 되게 하라는 식의 압력을 무차별적으로 가한다.

정권에 따라 혹은 권력에 따라 부정부패가 끊임없이 쏟아져 나오고 있다. 순수한 국민의 세금과 기업의 후원이 부정적인 개인의 명예 가치에 사용되고, 투쟁하는 인간 심리가 검찰의 압박에 의해 선택을 좌우하게 한다. 자신의 명예와 온정을 알아주지 않으면 마지막 선택은 죽음이다. 전직 대통령과 정치인과 기업인들의 흔히 보는 자살의 선택, 이것은 무엇을 의미하는지 모르겠다.

신문을 통해 북유럽의 선진 문화 이야기를 읽으면서 부러운 마음을 감출 수 없었다. 스웨덴은 사회적 약자를 포함한 사회 구성원 모두가 생활 안정을 영위할 수 있도록 뒷받침해주는 성숙한 사회다. 즉, 담는 그릇이 모두가 공적으로 투명하다고 할까. 특정 계층의 이익을 방지하고자 공동의 이익을 위한 공감대를 만들어낸다. 또 스웨덴은 능력이나 권력이나 자기 자신의 자랑을 드러내는 사람을 모두가 싫어한다. 어떠한 직업을 소유했든 사회를 위해 함께 봉사하는 사람만이 가장 훌륭하다고 여겨진다. 자신의 소중한 그릇에 아름다운 삶의 가치와 인간 심리를 담아 차별이 없는 마음을 나누며 각자의 그릇을 공유한다. 그릇 중 질그릇이라 할 수 있을 것이다.

선진 유럽의 문화와 같이 서로가 좋은 것들을 공유하며 차별하지 않는 세상, 인간의 존엄성과 생명의 소중함이 존중되는 사회 분위기가 우리 현실에도 뿌리 내리길 기대하는 마음이다.

잡초를 뽑아야

주변을 둘러보면, 어려운 현실 속에 잡초만 무성해가고 있는 듯 보인다. 사회적 재능과 능력이 있다고 한들 차별의 고통은 사라지지 않고 있다. 그 마음의 고통을 알기에 끼리끼리 함께할 수밖에 없는 장애인들의 삶이 너무도 아프다.

무성한 잡초로 인해 아픈 것만은 장애인뿐만이 아니다. 삼포시대라고 한다. 이 시대 청년들의 슬픈 현실이 아닐 수 없다. 핸들만 좌우로 움직이고 있지 변화가 없다.

사회가 앞으로 나가지 못하는 이유가 있다. 정권에 따라 원칙이 흔들리기 때문이다. 국민의 고통을 분담하기 위해서는 기본이 바로서야 한다. 그러나 현실은 어떠한가. 현직 판사가 수억 원 뒷돈을 챙겨도 관행처럼 감봉, 정직, 징계, 사표 제출 정도에서 끝난다. 이 왕성한 잡초를 누가 태울 것인가.

정치에 몸담은 그릇이 친 박이 뭐고, 친 이계가 무엇이란 말인가. 국민의 길을 가는 것인지 집안싸움만 하고 있는 것인지 헷갈릴 때가 많다.

청와대는 180만 원짜리 의자를 사고 40만 원으로 물건을 사서 구입한 것처럼 허위 등록했다는 의혹이 있다.

청와대가 법을 위반하고, 슬그머니 닦아버린다면 이 나라의 미래는 어떻게 되는 것일까. 이러한 사태는 그대로 둔 채, 내각 개편을 법 조직의 출신 각료로 임명하는 것은 무슨 의미일까. 만일 비영리단체가 이와 같은 사기행위를 저질렀다면, 구속의 절차는 예외가 아닐 것이다. 어떤 변명의 말도 필요 없을 것이 분명하다. 리어카 상인이든 박봉의 월급쟁이든 상관없이 세금은 빈틈없이 거두어들인다. 그러나 그 세금으로 그들이 벌이는 일들을 보고 있자면 소음에 중독될 정도다.

국민들은 어려운 길을 가는데, 복지의 윤리와 가치는 도대체 어디로 가고 있는 것일까. 좁은 문인지 넓은 문인지 말뿐인 정권의 핸들 조작은 진정 왜 한 발자국도 앞으로 나가지 못하는 것인지 안타깝다.

상상하라

조형미술을 전공한 피에르 하디에 대한 이야기를 신문 기사를 통해 읽었다. 그는 어린 시절 디자이너란 이상한 직업이라 생각했다고 한다. 그러나 그는 훗날 세계적인 슈즈 디자이너가 되었다. 그의 '상상' 이 만들어낸 능력은 상상 이상이었다.

우리는 어떠한 일을 하다가 안 된다는 말을 자주 한다. 그러나 "상상은 모든 것을 가능하게 한다"고 아르디는 이야기한다. 그는 여행을 통해 상상하고, 그것을 스케치로 옮기면서 많은 영감을 받았다고 한다.

깊이 생각하다 보면 처음에는 어려워 보이던 일들도 조화를 이루는 듯 깊은 뜻이 생각나는 경우가 있다. 보이지 않는 숨은 생각이 상상을 실현한다. 상상 속에 무엇인가 이미지를 실현해가게 되는 것이다.

피에르 하디가 여행은 새로운 것을 생각하게 하는 힘이 있다고 한 것처럼, 나 또한 자연을 바라보면서 창의적인 어느 작품을 바라볼 때 새로운 변형적인 생각이 떠오르는 경우가 많다. 마침 시간이 주어질 때 그 생각을 구상해 현실적인 마음을 가다듬어 실행에 들어가 보는 성격이다. 예술적인 생각이 만들어질 때 누군가 나의 생각과 작품을 바라보는 이가 있다면, 나는 그것이 바로 인생의 디자인을 구상하는 과정이 아닐까 한다. 살면서 좋은 것을 발견했을 때 발걸음이 멈춰지면서 깊은 생각에 잠긴다면, 그것이 곧 작품이 될 수도 있다.

작품이란 즐겁고 독특하지만 잠시 멈추어 있는 생각이란 고개를 갸우뚱하게 한다. 뭔가 처음부터 멈추어진 생각 속엔 변화란 것이 잠겨 있다는 뜻이다. 무슨 작품의 생각이든 바라볼 때 혁신이 생겨난다. 창의는 신중한 것에서 나온다는 생각이다.

어떠한 답을 찾는 것은 장인적인 가치와 큰 보람을 얻는다. 멈추어 답을 찾아가는 과정 가운데, 때론 사람들에게 유혹을 받지만 염증을 느낀다. 인간관계를 생각하는 과정이 인생에서 중요한 시대가 되었다. 우리는 멈추어 상상하기를 멈춰서는 안 된다. 상상이 가져다줄 상상 이상의 능력을 기대하며.

진정 이겨야 하는 것

/

성공이란 무엇일까? 재산이 많거나 명예, 혹은 권력과 지위가 있는 사람을 성공했다고 할 수 있을까? 그것은 단지 외향적인 것에 불과하고 잠시뿐인 것이다. 성공은 스스로 행복감을 느끼고 사는 사람의 것인 듯하다. 무한경쟁 사회다. 자신의 이익을 위해 수단과 방법을 가리지 않는 이들이 대다수다. 그러나 가만히 살펴보면 진정 이겨야 하는 것은 상대가 아니라 자신이다. 무한경쟁은 인간관계 속에서 시작된다.

남보다 나를 낮게 여기는 마음, 즉 겸손이 그 중심에 자리한 사람은 자신과의 경쟁에서 이길 수 있다. 마음의 평안을 누리는 사람, 자신을 지키고 함께하는 사람도 지킬 줄 아는 사람이야말로 더 나은 내일을 만들어가는 사람이요, 지혜가 넘치는 사람이다.

우리는 예수님의 사랑과 겸손을 닮아야 한다. 세상 속의 온갖 편견과 차별, 서로 상처주고 방탕하게 만드는 사회 구성원들 사이에서라도 그분의 겸손을 실천할 수 있어야 한다.

죄는 미워하되 사람은 미워하지 말라

/

18세기 미국은 사회교육을 유지하는 도구로 '수치심'을 사용했다고 한다. 누군가를 비정상으로 규정하고 배척하는 낙인이었다. 시민들은 직접적인 폭력을 행사하지 않고도 '혐오'라는 감정을 통해 누군가의 생에 폭압을 행사했다. 미국에서는 음주운전으로 유죄를 판결 받은 차량에 스티커를 부착하도록 법을 내린다고 한다. 또 이슬람 세계에서는 성폭행을 당했다는 이유로 가족들이 직접 가족의 구성원을 벌하는 명예살인이 버젓이 일어나고 있는 현실이라니 기가 막힐 노릇이다.

마사 누스바움 시카고대학교 로스쿨 석좌교수는 그의 저서에서 감정이 법적 도구화되는 것에 강력히 반대한다고 이야기한다. 인간 존엄성을 존중하는 자유주의 사회에서 '혐오'와 '수치심'이 법적 기능을 해서는 안 된다고 주장하는 것이다. 사회 내에서 취약한 집단을 배척하는 데 낙인찍기가 부당하게 이용될 가능성이 크다는 이유이다.

누스바움은 인간의 취약함에 주목한 학자다. 수치심과 혐오는 여기에서 비롯된 두 감정이다. 혐오는 인간이 지닌 추함을 대면하게 하는 본능적인 감정이다. 대중적 감정은 범죄자에 대한 혐오다.

끔찍한 살인, 아동성범죄자, 인간쓰레기, 더러운 벌레로 여긴다. 그러나 우리는 사람이 아닌 저지른 잘못에 대해 분노해야 한다. 이 둘을 혼돈해서는 안 되는 일이다. 수치심은 인간이 평생 안고 살아가는 감정이다. 범죄자 신상공개와 같이 수치심을 주는 처벌은 반대다. 인간 존엄성을 부정하는 처벌이기 때문이다. 모든 사람이 가난, 성적 추방, 장애 등 신체적, 정신적 이질성을 공동체 안으로 수용하는 사회가 되어야 한다는 주장이다.

접견실에 있다 보면 한 변호인이 하루에 수용인 10명 이상을 만나기도 한다. 경제적 여건에 따라 수임료도 대중없다. 경제적 뒷받침이 된다는 어떤 수용인은 1억 원이면 출소할 수 있다고 이야기하기도 한다. 심지어 변호인은 계약 조건을 선임 얼마, 기각 얼마, 집행 얼마 이런 식으로 이야기한다. 변호인들이 공소장을 검토해보고 집행 가능이 있어 보이면 값은 억대로 오른다. 그러나 궁금하다. 변호사들이 이들의 수치심을 벗어줄 수 있을까. 수치심과 혐오라는 처벌을 벗기 위해서는 어떻게 해야 할까.

수치심과 혐오는 인간다움을 파괴하는 감정들이다. 교도소의 모든 직원들은 교정이라는 옷을 입고 죄인들을 감시한다. 그들에게 인간성을 잡아줄 수 있는, 선별적 아름다운 교육이 요구된다.

생애 얼마 남지 않은 80세 이상도, 심지어 암 수술이 필요하다는 의사 진단에도 불구하고 감옥이라는 철장에서 고통을 겪는 이들이 많다. 교도관이나 구치소 직원이나, 검사나 변호사나 현실적 철장은 아무도 모른다. 각자 위치에서 배웠다는 과정의 권위와 본능적인 교만만 있을 뿐이다. 그들이 직접 현장 체험을 하지 않고는 인간의 존엄성 변화는 없다고 본다. 정권에 따라 권력자들이 들어오는 길은 한 길이지만 나갈 길은 여러 개가 있다. 그러나 취약범은 오늘 당장 죽을병이라는 의사의 진술에도 일시 가석방조차 없다.

1999년 세계를 경악시킨 미국 컬럼비아인 고교생 총기 사건에 13명을 죽이고 자살한 두 사람, 그들은 2년 전까지만 해도 평범한 학생이었다고 한다. 해리스 학생은 잦은 이사와 건강 문제로 친구들 관계가 문제였고 컴퓨터 게임 등 왕따를 당했다. 세상에서 부당하게 배척당하고 이로 인해 좌절하고 분노한 것이다. 이들이 1년간 준비해 총격 사건을 일으켰다. 연약한 자아 속에 사람이 수치심을 경험하고 우울증을 앓고 나면 공격성이 분출되기 쉽다는 사실을 증명하는 사건이다.

학자들은 치밀하게 수집한 판례와 고전 역사적 사실을 통해 단호하게 죄는 미워하되 사람은 미워하지 말자는 결론을 이야기했다. 내가 원하는 자유주의 사회는 모든 개인의 평등한 존엄과 공통의 인간성에 내재된 취약성을 인정하는 기반 위에 있는 사회다. 감정적인 동요로 쉽게 낙인찍고 손가락질해서는 안 된다. 사회 경제적으로 취약한 이들을 법 앞에서 억울하게 낙인하고, 법 집행자는 쓴 소리로 더 큰 죄질을 집행해 전례 아닌 전통적으로 이끄는 제도가 문제다. 범죄자의 쓴소리의 음성이 왜 발성하는지, 법 집행자는 그의 심리를 깊이 들어다보아야 진실을 알 수 있다는 전례가 있어야 한다.

리더십

울랄라 프레이즈라는 CCM 그룹이 있다. 이들의 프로젝트는 리더 고 임윤택의 아이디어로 시작됐다고 한다. 임윤택 씨는 암으로 2013일 2월 11일 소천했다. 그가 한 팀의 리더로서 조직 안에서 보여준 다양한 능력, 그리고 노래로 마지막까지 아픔 속에서 보여준 청년들의 울랄라 이야기를 읽고 큰 감동을 받았다. 그러면서 참 리더란 어떠한 사람일까 다시 한 번 생각해보는 계기가 되었다.

미국의 심리학자 매슬로우는 "타인에게 인정과 존중을 받으려는 것은 인간의 기본적인 욕구"라고 했다. 과거에는 스파르타식이나 권위주의가 통했지만 현대 사회는 그런 사고방식이 통하지 않는다. 리더가 되려면 솔선수범해야 하며, 참여와 공감을 이끌어낼 수 있어야 한다. 소통의 리더십이라는 사회복지의 윤리와 가치 속에 설득력을 얻는 시대다.

사회복지사로서의 리더십이란 어떤 것일까. 사회복지사들은 기관의 리더로서 지역사회의 외부 프로그램을 개발해 봉사활동을 한다. 오늘날의 리더란 통솔력 있는 지도자가 아니라 시대와 환경의 변화를 잘 읽어내며 그 길을 안내해줄 수 있는 사람이다. 또한 리더는 누구나 어려워하는 고난의 좁을 문을 선택할 때 커다란 광야의 빛을 볼 수 있다.

상대의 심리 혹은 잠재력을 알고 그것이 발휘될 수 있도록 소통해야 하는 것도 리더의 몫이다.

그렇다면 소통은 뭘까. 공감능력을 말한다. 지역사회의 문제를 해결하기 위해서는 무엇보다 먼저 지역사회에 대한 이해가 있어야 한다. 그런 다음 그들이 겪고 느낀 것들을 함께 느낄 수 있어야 한다. 기관의 사회복지사와 소외된 자와의 만남이 아닌, 함께 이미지를 구축하고 집단 조직 안에서 개개인들이 효과적으로 자신을 드러낼 수 있도록 도와야 한다.

소통하고 공감하고 함께하는 사회복지사라면 언제나 찾아가는 서비스, 또한 겸손과 실행으로 상대에게 다가설 수 있어야 한다. 예수님께서 제자의 발을 씻기시고 누구든 차별하지 않으신 것처럼, 인류 모든 이들을 사랑하시는 그분의 리더십과 공감 능력을 배울 수 있어야 한다.

제3장 골방 생각

♦

골방이라는 작은 공간에서, 목사님들의

설교문을 지면으로 읽고 스크랩하며 쓴 글들입니다.

일부 내용은 설교문에서 발췌 및 인용했습니다.

섬김의 지혜

/

막 10:44~45

1947년 미국으로 유학을 떠난 사람의 이야기다. 그는 웨스턴 신학교 수학 중 6·25 전쟁 소식에 귀국했다고 한다. 신학교 뮬러 학장은 한국에 있는 가족을 미국으로 초청할 테니 공부를 계속하라고 권면했지만 그는 거절하고 조기 졸업 후 34세에 귀국했다. 그 후 그는 여러 가지 많은 제의를 받았지만 다 거절하고 폐교 직전의 시골 고등학교를 인수해 기독 정신으로 한국의 명문 고등학교로 키웠다고 한다.

이 이야기의 주인공은 거창고등학교 전영창 교장의 이야기다. 전영창 교장은 교육철학이 섬김이라고 한다. 예수님의 징표는 '수건과 십자가'다. 수건은 섬김의 상징(막 10:45)이요, 십자가는 순종의 상징이다. 인자는 섬김을 받으러 온 것이 아니라 섬기러 왔다. 어떻게 하면 섬길 수 있을까?

먼저 작은 일에 최선을 다해야 한다. "지극히 작은 자 하나에게 하지 아니한 것이 곧 내게 하지 아니한 것이니라"(마 25:45). 최선의 실행이 진정한 충성임을 알아야 한다. 테레사 수녀는 "나는 큰일을 하지 않는다. 작은 일을 큰 사랑을 가지고 행할 뿐이다"라고 했다. 진정 섬김의 모델이다.

둘째로는 은밀히 섬겨야 한다. "네 구제함을 은밀하게 하라"(마 6:4). 섬김을 유일하게 목격하는 자는 하나님이시다. 미숙한 신앙인은 기뻐해주는 것과 알아주는 것을 좋아한다. 그러나 오늘날 세상이 진정 필요로 하는 인물은 예수 그리스도의 가르침에 섬기는 사람이다.

그렇다면 이것을 무엇으로 채울 수 있을까?

사람의 마음은 세상 어떤 것으로도 채워지지 않는다. 부와 명예, 권력, 지식, 그 무엇도 만족이 없고 아무리 많은 것을 얻어도 마음의 갈급함은 해결되지 않는다. 산해진미도 매일 먹다보면 질리기 마련이다. 좋은 것도 매일 보면 흥미도 없고 무덤덤하다. 그런데 창조주 하나님을 만나면 모든 것이 즐겁고 해결된다.

하나님은 세상 누구도 줄 수 없는 평안의 기쁨, 참된 만족을 주신다. 장차 다 내려놓고 떠나야 할 누구도 이 땅의 부귀영화보다 하나님이 주시는 은혜와 사랑, 천국의 소망으로 마음을 채워야 한다(골 3:2). 예수의 사랑은 동사로 전환시킬 때 장수하는 생명의 길이 된다.

다윗과 세 명의 용사

삼하 23:13~17

다윗이 이스라엘의 왕이 되고 나서 잃어버린 영토를 찾기 위해 블레셋과 전쟁을 치렀다. 블레셋 사람들은 다윗의 고향 땅 베들레헴을 점령했다. 다윗은 갑자기 베들레헴 성문 곁 우물이 생각나서 누가 베들레헴 곁 우물을 '내게 마시게 할까'라고 하면서 말을 했다.

그런데 이 말을 들은 다윗의 부하들 중 세 명이 나섰다. 다윗의 부하 세 명은 각오를 하고 용감하게 적진을 뚫고 들어가서 우물을 길어왔다. 그러나 다윗은 차마 그 물을 마실 수가 없었다. 목숨을 걸고 길어온 물은 물이라기보다 부하들의 피와 같은 물이었기 때문이다. 또 자기 때문에 사랑하는 부하들의 목숨이 위태로웠던 것을 생각하며 다시는 그런 일을 하지 않겠다고 하나님 앞에 기도한다.

다윗이 '누가 내게 마시게 할까' 라고 한 것은 명령이 아니었다. 그냥 혼자 고향을 생각하면서 시원한 우물을 마시고 싶은 간절한 소원을 담은 개인적 말을 한 것뿐이었다. 그러나 이 말을 들은 세

명의 용사가 목숨을 걸고 물을 떠왔다. 다시 말하면 세 명의 용사는 명령을 받은 것이 아니라 자원하는 마음으로 목숨을 걸고 물을 떠왔다는 것이다. 다윗은 얼마나 큰 감동이었을까?

무슨 일을 하든지 자원하는 마음으로 할 때 가장 보기 좋은 사람이고 다른 사람에게 감동을 줄 수 있다. 억지로 마지못해 하는 일이 아니고 누구 눈치 보는 일도 아니고 그냥 스스로 자원하는 일이 가치가 있다. 반대로 누구 눈치 보고 억지로 마지못해서 하고 이간질하면서 하면 자기 자신에게 보람이 없고 보는 사람 기분도 좋지 않다.

신앙생활도 마찬가지다. 누구 눈치 보고 억지로 하고 겉과 속마음이 다르고 어떤 불만을 갖고 행동을 하면 안 된다. 늘 기쁜 마음을 갖고 최선을 다하고 자원하는 마음으로 주일성수하고 찬양하고 하나님께 예배와 기도와 봉사하는 마음을 가져야 축복을 주신다.

만일 다윗이 세 명의 용사가 목숨 걸고 떠온 물을 아무 말 없이 마셔버렸다면 어떠했을까? 부하들이 다윗을 잘 따랐을까? 다윗이 물을 마시지 않고 자신의 경솔함을 후회하면서 다시는 부하들을 위태롭게 하는 일이 없어야 한다는 그 마음에 부하들은 감동을 받았을 것이다. 여기에서 우리에게 주는 메시지는 무엇일까?

서로 함께하는 마음, 인간은 함께하는 존재임을 깨달아야 한다. 함께라는 고리는 기적을 낳는다. 모든 일에 있어 혼자서 부족할 때 서로가 서로를 생각하는 마음과 극복해 나갈 수 있는 힘은 '연결고리'이다.

기다림과 복

/

시 1:1~2

많은 사람들이 삶의 길을 가다 마지막 때에 실패와 좌절을 경험한다. '시작과 끝'이란 말이 있다. 무슨 일을 하든지 최선을 다하고 이제 얼마 남지 않은 고비, 마지막이란 끈을 놓치지 말아야 하겠다.

마지막 때에 이르면 누구나 방심하고 의욕과 열정을 게을리하게 되는데, 마지막 끝자락에 해이한 마음은 더욱 큰 좌절을 부른다.

복을 싫어하는 사람은 없다. 복을 위해 수단과 방법을 가리지 않는 사람들, 산을 찾고 바다를 찾고 무당을 찾고 바위 밑을 찾아 촛불을 켜고 복을 비는 사람들을 본다.

그러나 복을 누가 줄까? 가장 힘든 시기를 방심하지 말고 때를 기다릴 줄 알아야 한다. 모든 일에 복 주시는 분은 한 분이시다.

"복 있는 사람은 악인들의 꾀를 따르지 아니하며 죄인들의 길에 서지 아니하며 오만한 자들의 자리에 앉지 아니하고 오직 여호와의 율법을 즐거워하여 그의 율법을 주야로 묵상하는도다"(시 1:1~2).

자연에 필요한 물과 공기 등 일용할 양식은, 생명에 소중한 모든 것을 공급해주시는 분은 하나님이시다. 날아다니는 공중의 새들도 먹이시는 하나님이시다. 그러나 우리는 하나님의 함께하시는 소중한 복을 받고도 깨닫지 못하고 있는 건 아닌지 생각해보아야 한다.

하나님께서는 세상 인류의 모든 것과 함께하기를 원하신다. 그것은 사랑하기 때문이다.

사랑이란 얼마나 소중한 것인지 하나님은 보여주고 계신다. 사랑이 무엇인지 하나님께서 예수 그리스도를 이 땅에 보내주셨고, 행함이 없는 믿음은 죽은 것임을 알려주셨다.

사랑은 말로만 되지 않는다. 사랑은 명사지만 타동사의 접목이다. 사랑은 동사로 전환시킬 때 필수적인 완성이면서 현재형이 된다. 사랑은 동사로 전환시킬 때만이 사랑이 된다.

"선한 양심을 가지라 이는 그리스도 안에 있는 너희의 선행을 욕하는 자들로 그 비방하는 일에 부끄러움을 당하게 하려 함이라"(벧전 3:16).

나는 성도인가?

삼상 13:1~7

사울이 왕이 된 지 1년이 지나고 2년째 되었을 때다. 사울은 소수 정예부대를 조직해 전쟁을 준비한다. 왕으로서 전쟁의 승리를 위해 확고한 지도력을 확보하려는 마음이다. 사울은 전쟁을 위해 이스라엘 사람 3천 명을 택하고, 그중 믹마스와 벧엘산에 2천 명, 1천 명은 아들 요나단과 함께 기브아에 진을 치게 한다. 5절에 보면 블레셋의 병력은 엄청나다. 이런 모습을 본 이스라엘 백성은 놀라서 은밀한 곳을 찾아 숨기도 했고, 어떤 사람은 아예 요단강을 건너가 버렸다. 모두가 두려움에 떨었다고 한다(6~7절).

카일 아이들먼 목사는 그의 저서 《팬인가, 제자인가》에서 그리스도인을 팬과 제자로 나누어서 말한다. 블레셋과의 전쟁을 위해 모였다가 겁을 먹고 흩어지고 도망가는 사람들은 제자라고 할 수가 없다. 그저 팬의 모습일 뿐이다. 교회 다닌다고 해서 모두가 교인이라고 이야기할 수 없다. 교회를 다니지만 교인으로서의 책임과 의무를 다하지 않는 익명의 교인이 넘쳐나고 있다. 교인이라면 교인으로서의 권리도 있고 책임과 의무가 있다는 사실을 알아야 한다.

그렇다면 이스라엘은 왜 이와 같은 모습을 보였을까. 말씀에 보면 병거 3만, 마병이 6천이었다고 기록되어 있다. 블레셋 군대를 보고 위기감을 느끼고 두려워 도망가고 숨기도 한 것이다. 성경에 보면 믿음이 없는 사람은 두려워한다고 했다. 믿음의 사람들은 믿음의 눈을 들어 하나님의 역사하심을 바라보는 사람들이다. 13장에서 이스라엘 사람들은 눈앞의 하늘을 보지 못했다. 우리는 어떤 모습을 보고 있을까. 믿음의 눈을 열고 세계를 보고 하나님을 바라보고 오늘 내가 해야 할 일이 무엇인지, 사회복지사로서 부족한 부분은 또 무엇인지, 복지의 윤리와 가치가 무엇인지 바라봐야 할 것이다. 저들이 무엇이 필요한지 내가 무엇을 해야 도움이 되는지 알아야 참 도움을 줄 수 있다.

사람들이 삶의 질을 위해 분주하게 노력한다. 마가복은 5장 24~34절에 보면 혈루증을 앓고 있는 여인이 나온다. 혈루증은 구약시대부터 사람들이 매우 부정하게 여기는 질병이었다. 더군다나 요즘처럼 차별, 인권 등에 대해 외치는 시대도 아니었다. 그러나 이 여인은 자신의 삶을 위해 고달프지만 노력하는 모습을 보인다. 또 여인은 의사로부터 숱한 괴로움도 당하고 병세는 더 악화되고 인생의 끝자락에 포기할 수 없는 상황이지만 그런 가운데서도 의지를 보인다. 해결 방안은 예수님의 소문을 듣는 것이었다. 고침에 대한 생각보다 예수님을 만나면 반드시 병이 낫는다는 믿음이 있었다. 믿음은 들음을 통해 생겨난다. 예수님의 말씀을 들었기 때문에 믿음이 생겼다. 그리고 믿음을 실천에 옮겨 여인은 달려갔다. 수많은 사람들 사이를 비집고 들어갔다. 당시에 수많은 사람들이 예수님을 에워싸고 있는 상태였다. 그러나 여인은 자신이 죄인으로 취급받는 상황임을 알고도 그저 예수님의 옷자락만 만져도 나을 수 있다는 확신을 갖고 예수님께로 갔다. 결론적으로 여인은 병을 고침 받게 된다. 예수님의 관심이, 예수님의 치유 능력이 여인에게 전해진 것이다.

아무리 행함이 있다 해도 예수 그리스도가 없다면 아무것도 아니다. 예수님의 옷자락만 만져도 '능력'이 있다고 믿는 그 믿음이 여인을 고친 것이다.

우리들은 무슨 일을 이루기 위해 세상적인 방법을 다 동원한다. 그러나 해결되지 않는 일을 많이 겪게 된다. 주님이 확인하고자 하는 것은 '여인의 믿음'이었다. 곧 구원의 근원이다. 무언가 원한다면 반드시 '목표'를 정해야 한다. 세상을 등지고 있는 사람이라면 목표를 정해 믿음으로 나아가야 한다. 사회복지사로 지나온 세월이 1년 된 사람과 10년 된 사람이 똑같이 알고 행동한다면 헛되게 보낸 세월이다. 10년이면 윤리, 가치, 장애명 등 어느 정도는 알아야 한다. 최선을 다하는 믿음의 삶을 살아갈 때, 하나님의 뜻을 알고 함께하는 보람이 넘쳐날 줄로 믿는다.

좋은 일 하다가 비난이 다가오면 1

출 5:4~9

어느 시골에 비난하기를 좋아하는 아주머니가 살았다고 한다. 하루는 이 아주머니가 장을 보러 가는데 동네 버스 정류장에 허름한 버스가 서 있었다. 버스는 와야 할 손님이 오지 않으면 기다리는 것처럼 손님을 더 태우려는지 계속 기다리고 있었다. 늘 비난하기 좋아하는 이 아주머니가 약간 상기된 목소리로 투덜거리며 "아기사 양반, 이 똥차 언제 가유?"라고 하자, 이 말을 들은 기사가 하는 말이 "똥이 차야 가지요"라고 말하더라는 이야기다.

우리 사회는 비난 문화, 악플 문화가 지나칠 정도로 널리 퍼져 있다. 인터넷 신문을 보면 대부분의 기사들에 비난들이 달려 있다. 전직 대통령들이 막말을 하며 독설을 퍼붓고 있다. 정치인들이 입만 열면 상대 당을 비난하며 비난 전쟁을 벌인다. 비난하지 않으면 못 견디는 비난 중독자들, 흉보기 중독자들, 비난 생산자들이 있다. 뇌에 사탄이 비난이라는 집을 지어 놓았는데 그걸 헐지 못하고 즐기며 살아간다. 10가지 중 9가지는 잘하고 1가지가 부족해도 그 한 가지를 보며 비난하기를 좋아한다.

비난은 판단이나 비판, 비평과는 다른 말이다. 판단이라는 말은 "근본을 따지어 사물의 가치와 관계를 결정하는 일"이라고 정의하고 있다. 선악의 판단, 잘잘못의 판단, 가치의 판단 등을 말할 때 사용한다. 비판과 비평이라는 말이 비슷하게 사용되는데 조금 의미가 다르다. 비판은 옳고 그름을 가리어 판단하거나 지적함을 말하고 비평은 옳고 그름 따위를 가리어 논함을 말한다. 평론 즉 문예비평, 문명비평, 인물비평 등을 말한다. 그러니 판단은 비판과 가치중립적인 비평의 기본 근거가 되는 것이다.

비난은 남의 잘못이나 결점을 책잡아서 나쁘게 말하는 것이다. 터무니없이 사실과 전혀 맞지 않게 헐뜯는 것을 말한다. 자기가 느끼는 분노를 직설적으로 표출한다. 부정적 표현 욕구를 거역하지 못하는 것이다. 비난의 몸짓, 표정, 말을 통하여 상대방에게 미움, 분노, 경멸, 부정적인 평가를 퍼부음으로 받는 사람들에게 상당한 고통을 줌으로 자신의 복수 욕구를 만족시키는 것이다. 상대를 비난함으로 자신을 차별화한다. 비난 받는 사람에게 분노, 공포, 수치심, 자괴감, 배신감을 느끼게 한다. 선한 의지를 꺾어버린다. 의욕을 상실하게 만들어버린다. 그러나 이러한 배신감에도 불구하고 좋은 일은 계속되어야 한다.

좋은 일 하다가 비난이 다가오면 2

모세와 아론이 하나님의 명령에 따라 이스라엘 민족을 해방시키는 좋은 일을 한다. 하나님을 섬기게 하는 일, 경제적 불평을 해소하고 잘 살게 만드는 일, 자유와 평등, 정의와 사랑을 실현하는 좋은 일을 시도한다. 좋은 세상, 하나님의 나라에 대한 꿈을 실현하는 일이다. 그런데 비난하는 사람들이 있다. 바로 애굽의 왕이 비난했다. 외부적인 비난이다. 대적자의 비난이다. 좋은 일을 하는데 대한 방해자의 비난이다. 힘 있는 자의 비난은 실제적으로 일을 하지 못하게 하는 능력이 있다. 형벌이 따르는 것이다. 대통령이 한 번 비난하면 그것으로 끝나는 것이 아니다. 대불단지의 전봇대가 잘못 서 있다고 비난하면 그에 따른 조치가 내려지는 것이다.

여러 비난 가운데 특히 이런 사람들의 비난을 받으면 참 견디기 힘들다. 바로 동지들의 비난이다. 마땅히 지지자가 되어야 할 사람들의 비난이다. 사업을 같이 해야 하고, 건축을 같이 해야 하고, 프로젝트를 같이 해야 할 사람들이 비난을 했다. 좋은 일을 같이 해야 할 사람들이 비난을 한 것이다. 그러면 쉽게 무너지고 포기하기 쉽다. 내부 분열이 생겨 좌절한다. 그러나 우리는 믿었던 사람들이,

사랑했던 사람들이, 도와주었던 사람들이, 아꼈던 사람들이, 피를 나눈 형제들이 비난한다고 좋은 일을 좌절하거나 포기하지 말아야 한다. 비난은 사탄의 전략이기 때문이다.

이스라엘 민족이 블레셋과의 전쟁에서 위기에 처했을 때 다윗이 나아간다. 그때 골리앗이 비난한다. "네가 나를 개로 여기고 막대기를 가지고 내게 나아왔느냐 하고 그 신들의 이름으로 다윗을 저주하고 또 이르되 내게로 오라 내가 네 고기를 공중의 새들과 들짐승들에게 주리라"(삼상 17:43~44). 그런데 이렇게 골리앗만 비난한 것이 아니라 가장 가까운 형들이 비난했다. 큰형 엘리압이 비난한다. "노를 발하여 가로되 네가 어찌하여 이리로 내려왔느냐 들에 있는 몇 양을 뉘게 맡겼느냐 나는 네 교만과 네 마음의 완악함을 아노니 네가 전쟁을 구경하러 왔도다"(삼상 17:28).

느헤미야가 무너진 성벽을 건축하려고 할 때 산발랏과 암몬 사람, 아라비아 사람들이 업신여기며 비난한다. 가장 가까이에서 도와주어야 할 선지자 스마야가 악한 말을 지어 비방하려 한다(느 6:13). 예수님께서 인류 구원 사역을 하시기 위해 이 땅에 오셨다. 로마인들도 비난하지만 혈육이 같은 유대인들이 비난했다. 침을 뱉으며 비난했다. "성전을 헐고 사흘에 짓는 자여 네가 만일 하나님의 아들이거든 자기를 구원하고 십자가에서 내려오라"(마 27:40)고 이야기했다. 가장 가까이에 있었던 예수님의 친족들이 비난한 것이다. "예수의 친속들이 듣고 그를 붙들러 나오니 이는 그가 미쳤다 함일러라"(막 3:21).

바울을 고린도교회 사람들이 비난했다. 사도적 권위가 없다고, 설교를 잘 못한다고 비난했다. 또 돈을 좋아한다고 비난했다. 인격에 대한 모독도 받았고 목회에 일관성이 없다는 비난도 받는다. 기원전 750년경에 아모스는 벧엘의 제사장 아마샤로부터 먹고 살기 위해 설교하는 삯꾼 선지자라고 비난을 받았다(암 7:12).

좋은 일 하다가 우리가 믿었던 사람들에게 이런 비난을 받으면 얼마나 낙심이 될까? '이 사람이 비난할 줄이야. 내가 그렇게 잘 해주었는데, 그렇게 믿었던 사람인데……'라고 탄식하게 된다.

모세는 자신을 마땅히 지지해주어야 할 지도자들이 비난해도 민족 해방을 포기하지 않았다. 다윗은 형이 비난해도 적을 물리치는 것을 포기하지 않았다. 바울은 자신이 생명처럼 사랑하며 양육했던 교인들이 비난하여도 복음 증거를 포기하지 않았다. 아모스 선지자는 마땅히 도와주어야 할 제사장이 자신을 삯꾼으로 비난해도 하나님이 뜻을 전달하는 것을 포기하지 않았다. 예수님은 가족이 비난하고 동포가 비난해도 인류 구원사역을 포기하지 않고 다 이루었다. 예수님은 말씀한다.

"모든 사람이 너희를 칭찬하면 화가 있도다 저희 조상들이 거짓 선지자들에게 이와 같이 하였느니라"(눅 6:26).

인간을 가장 구속하는 감옥 중의 하나가 다른 사람의 인정을 받고자 하는 욕구다. 그래서 비난의 화살이 쏟아지면 금방 정서는 스커트 미사일을 맞은 것처럼 낙심해버린다. 그러나 좋은 일을 하면서 비난에 무릎 꿇지 말아야 한다. 집단에는 언제나 지지하는 사람과 비난하는 사람, 그저 묵묵히 제 일만 하는 세 부류의 사람들이 있다. 교회에서 비난하는 사람이 떠나면 또 다시 비난을 사명으로 살고 사는 사람이 생겨난다. 어차피 집단 구조는 그럴 수밖에 없다. 내가 비난을 담아두지 않으면 그 비난이 나를 포기하지 못하게 한다. 노예 해방을 시키면서 수많은 비난을 받은 링컨은 "나에게 가해지는 모든 비평에 일일이 신경을 쓰거나 그 내용을 읽어볼 생각이라면, 지금의 일은 그만두고 다른 직업을 찾아보는 것이 좋을 것이다. 나는 내가 아는 지식을 총동원하여 최선을 다하고 있다. 나는 최후의 순간까지 그렇게 할 것이다. 그 결과가 좋다면 나에게 가해진 비평은 문제가 되지 않는다. 그러나 결과가 좋지 않다면 열 명의 찬사가 내 정당성을 입증해준다 해도 아무런 쓸모가 없게 된다"라는 말을 했다고 한다. 이 말은 맥아더 장군도 전쟁 중에 자신의 책상에 붙여 놓았고 윈스턴 처칠도 액자에 넣어 자신의 서재 벽에나 걸어 놓았다고 한다. 산은 바람에 움직이지 않는다.

좋은 일 하다가 비난이 다가오면 3

/

좋은 일을 하는데 사람들은 왜 비난할까? 대적자 바로의 비난 내용을 보면 알 수 있다. 성경에 보면 "너희는 어찌하여 백성이 일을 하지 못하게 하느냐? 어서 물러가서 너희가 할 일이나 하여라"고 기록되어 있다. 60만 장정은 엄청난 인력 자원인데 왜 선동하여 자신에게 손해를 끼치고 있냐고 비난하는 것이다. 사람들은 상대방의 말이나 행위가 자신에게 손해를 끼칠 때 비난한다. 그는 마땅히 이스라엘 사람은 자신의 이익을 위해 존재한다고 생각한 것이다. 이스라엘 사람은 메시아를 탄생시키고 성경을 기록하여 인류 구속사를 이루어야 할 민족임을 알지 못했던 것이다. 무지 때문이다. 그래서 자신의 이익만 생각하고 자신의 이익에 반대될 때 비난하게 되는 것이다.

대부분 비난하는 사람들을 보면 전체적으로 알지 못하기 때문에 비난한다. 자기 입장에서, 자기 자리에서 보고 비난한다. 사람이나 그 문제에 대해서 충분히 알지 못하고 비판하는 것이다. 유리창이 더러워 빨래가 더럽게 보이는 것을 모르고 빨래만 더럽다고 비난하는 것이다. 이런 사람들의 비난은 과장하기를 좋아한다. 아주 과장하여 비난하는 것이다. "그들이 이집트 땅의 백성들보다도 더 불어났다. 그런데도 너희는 그들이 하는 일을 중단시키려 드는구나"(출 5:5). 이스라엘 백성이 아무리 많아도 이집트 사람보다 많겠는가?

그는 또한 자신이 부리는 감독관들에게 비난한다. 자신을 신처럼 섬기는 사람들이다. 자신에게 월급을 받는 사람들이다. 특수한 이해관계로 인하여 자신의 비난에 동조할 수밖에 없는 사람들에게 비난하는 것이다. 요즘도 마찬가지다. 비난할 때는 서로 동조해주고 끼리끼리 비난하는 모습을 보게 된다. 그런데 그런 사람들은 오래도록 관계가 지속되지 못한다. 비난 동료는 결국 분열되어 버린다.

그는 제사 드리는 것을 요구하는 것은 그들의 게으름 때문이라고 논리에도 맞지 않는 명분을 달아 비난한다. 일하지 않고 휴식을 취하기 위해 드릴 것을 요구한다는 것이다. 예배의 본질과 중요성을 무시하는 행위다. 일을 느슨하게 하기 때문에, 일하기 싫어서 하나님께 희생 드릴 것을 요구한다는 것이 말이 되는가. 예배는 하나님의 인간을 향한 본질적 요소이다. 하나님께서 이스라엘 사람들이 하는 일보다 더 중요시하는 것이 예배이다. 이스라엘 사람들이 드리는 예배를 비난하는 것은 예배를 받으시는 하나님을 무시하기 때문이다. 자신이 예배를 받는 자이고 자신이 판단자라고 생각하기 때문에 비난하는 것이다. 도덕적인 것과는 상관없이 장애나 능력 부족, 성격 등의 결함을 통해 비난하는 것이다.

이런 이유로 비난을 하는 사람들은 상대를 자신보다 낮게 보기 때문에 모든 책임을 상대에게 뒤집어 씌워버린다.

또한 그는 모세와 아론의 말은 거짓말이라고 한다. 모세와 아론이 백성들을 거짓말로 미혹한다는 것이다. 도덕적 결점이 있다는 의미다. 거짓말한다는 비난이다. 마땅히 비난받을 만한 말과 행동을 했다는 것이다. 그러나 사실은 자신이 거짓말의 대가이다. 자신이 신이라고 한다. 자신이 신의 아들이라고 속이고 있는 것이다. 모세의 배후에 계시는 하나님을 보지 못하는 것이다. 상대방과의 관계로만 생각하기 때문에 무례를 행하는 것이다. 하나님의 형상으로 지음을 받은 귀중한 존재라는 것을 생각하지 못한 결과이다. 궁극적으로 심판하실 분은 하나님이라는 것을 생각하지 못하고, 자신도 하나님의 판단 대상자인 것을 망각한 행위다. 자신 속에 있는 들보는 보지 못하고 상대의 눈에 있는 티끌만 보는 것이다.

비방의 늪에 빠지지 않는 지혜

약 4:11~12

그리스의 우화 작가인 이솝의 이야기다. 그는 철학자의 노예로 있을 때, 귀한 손님이 오시니 좋은 재료를 구입해 요리하라는 명을 받고 소의 혀를 사다 몇 가지 요리를 만들었다고 한다. 그러나 주인은 요리마다 소의 혀를 넣은 이솝에게 화를 냈고, 이솝은 "혀보다 더욱 좋은 것이 어디 있느냐"고 말했다고 한다. 즉 혀는 사람과 사람 사이의 유대, 진리와 이성의 기관이며 또 신을 찬양하는 도구라는 게 이솝의 설명이었다.

화가 잔뜩 난 주인은 다시 이솝을 골탕 먹이려는 마음으로 다른 지시를 내린다. 내일은 시장에서 가장 나쁜 재료를 사서 요리를 만들어 너와 종들이 함께 먹으라는 것이었다. 그러자 이솝은 또 소의 혀로 요리를 만들고, 그 이유를 주인에게 이같이 말했다고 한다.

"혀보다 더 나쁜 것이 어디 있습니까." 즉 혀는 싸움의 원인이고, 질투의 도구이며, 과오와 거짓과 모욕의 기관이라는 것이다. 여기서 이솝이 전하고자 했던 메시지는 무엇일까. 바로 언어의 이중성이다. 그래서 성경은 특별히 '서로 비방하지 말라'고 교훈한다(약 4:11).

비방의 영이 자유롭게 활동하면 초점이 그리스도에서 사람에게로 이동한다고(계 12:10) 한다. 그리스도의 은혜는 축소되고 인간의 실수와 허물은 확대된다.

비방은 서로의 아름다운 관계를 유혹하고 파괴시킨다. 비방하는 사람은 본인의 정의를 모른다. 자신의 일이 정의를 드러내기 위한 행위라고 주장하지만, 믿음의 지체가 쓰러지는 것은 모른다. 비방에는 이익도 성과도 없다. 그저 마음의 고통과 시간 낭비만 있을 뿐이다. 이러한 비방의 늪에 빠지지 않기 위해서는 알아야 할 것이 있다. 그것은 책망보다 칭찬이 더 무서운 걸림돌이 된다는 사실이다. 하나님은 비방과 험담을 통해 우리가 칭찬 앞에서 무너지지 않도록 연단하신다.

하나님은 비방을 통해 우리로 하여금 자기 자신을 바로 보게 하신다. 그리고 그러한 연단 과정을 통해 예수 그리스도의 성품을 닮게 하시려는 뜻을 가지고 계시다. 예수님은 유일하게 방향을 말해 주셨다. 내가 곧 길이요 진리요 생명이라고 말씀하셨다(요 14:6). 우리가 원하는 유일한 방향을 말씀하신 것이다. 우리는 예수님과 함께할 때 축복의 길, 속도와 방향이 보장되는 길을 걸을 수 있다.

기다림과 인내

롬 5:3~4

스페인이 낳은 첼로의 성자 파블로 카살스는 어릴 때부터 첼로의 신동으로 불렸다. 그는 13세 때 우연히 헌책방에서 바흐의 무반주 첼로 모음곡 필사본을 발견한다. 그러나 그는 서둘러 곡을 발표하지 않고 연주가 완전해질 때까지 기다렸다가 그가 25세가 되어서야 연주를 공개해 세상을 깜짝 놀라게 했다.

스페인의 철학자인 발타자르 그라시안은 '시간'이라는 목발은 헤라클레스의 무쇠 몽둥이보다 더 큰 능력을 발휘한다고 말한다. 신은 회초리가 아니라 시간으로 인간을 단련시킨다는 것이다. 행운은 기다리는 법을 아는 사람에게만 보상을 준다. 보이지 않는 성장과 성숙의 증거는 '늘 기다림'의 맨 끝자락에 놓여 있다. 국을 끓여 한 그릇씩 퍼주고 남은 마지막 밑바닥 국이 진국이라 말하는 것과 같다.

나는 시작과 끝은 기다림의 연결고리로서 끝에서 행복을 누린다고 생각한다. 사람이 꿈을 이루려면 가장 필요한 것은 '기다림과 인내'다. 실패한 사람에게는 과거가 비참할수록 빛이 난다.

시간에는 두 가지가 있다. 첫 번째는 크로노스의 시간으로 크로

노스란 인간이 살아가는 현재의 시간들이다. 두 번째는 카이로스의 시간이다. 카이로스란 하나님의 시간, 때를 말한다. 전도서 3장에는 범사에 기한이 있고 천하만사가 다 때가 있다고 기록하고 있다. 또 로마서 5장에 보면 환란은 인내를, 인내는 연단을, 연단은 소망을 이룬다고 말한다.

인생은 주어진 시간 속에서 흘러가도록 되어 있다. 환란과 고난이 다가온다. 나의 인생에서 오뚝이와 같은 이 고난이 의미하는 것은 무엇일까. 우리가 인내한다는 것은 무엇일까.

욥은 자녀가 죽고 재산을 다 잃고 사랑하는 아내마저 떠나는 엄청난 고난을 당했지만 "내가 가는 길을 그가 아시나니 그가 나를 단련하신 후에는 내가 순금과 같이 되어 나오리다"(욥기 23:10)라고 고백한다. 찬바람 속에서 내뱉는 숨결이 더 뜨겁듯이 고난 뒤에 오는 '오늘'이 더욱 값지고 은혜로운 것이다.

말씀을 듣는다는 것

삼상 16:1~7

이스라엘 선지자인 사무엘은 슬픔이 가득 차 있었다. 하나님의 뜻에 따라 사울 왕이 버림받았기 때문이다. 하나님은 사무엘에게 새로운 일을 맡기셨다.

하나님의 말씀을 들었을 때 사무엘은 극복해야 할 문제가 있었다. 먼저 좌절감에서 빠져나와야 했다. 죽음에 대한 두려움 등을 극복하고 하나님께 순종해야 했다.

믿음에서 중요한 것이 있다면 말씀을 듣는 것이다. '듣다'라는 뜻은 히브리어로 '샤마', 즉 '순종하다'로 번역되기 때문이다.

하나님의 음성을 듣는 것으로 끝나는 것은 아니다. 행동하고 순종해야 한다. 사무엘은 하나님의 말씀을 듣고 순종함으로 베들레헴으로 갔고, 이새와 그의 아들을 제사에 초청했다.

본문 6절에 보면 이들의 잘생긴 모습을 보고 사무엘은 흥분한다. 그러나 7절에 보면 하나님의 생각과 사무엘의 생각은 다르다. 사무엘은 용모와 키를 보고, 하나님은 사람과 달리 외모를 보지 않고 중심을 보신다.

그렇다면 하나님이 보시는 중심은 무엇일까.

첫째는 성실함이다. 목적을 향해 흔들림 없는 마음의 자세일 것이다.

둘째는 감사다. 감사란 무엇인가 이루고 성취했을 때만의 감사가 아니라 때로는 내 뜻대로 안 된다 하더라도 감사할 수 있는 마음을 뜻한다. 하나님은 겉모습이 아닌 마음의 중심, 내면의 인격을 보신다.

믿음이란

히 11:1~2

'토끼와 거북이' 이야기는 대부분이 알고 있는 이솝이야기다. 토끼와 거북이가 달리기 경주를 했는데 거북이가 이겼다는 잘 알려진 이야기다. 거북이는 경주를 할 때 처음부터 끝까지 언덕 위에 있는 깃발만 보고 전진했다. 토끼가 열심히 뛰든 말든, 낮잠을 자든 말든, 거북이는 경쟁자와 자신을 비교하기보다는 오직 깃발만 보고 묵묵히 앞으로 발걸음을 옮겼다.

반면 토끼는 처음부터 거북이만 보고 달렸다. '저런 느림보 거북이 같으니……'라고 비웃으며 안심하고 낮잠을 자던 토끼는 결국 거북이에게 뒤지게 됐다.

하나님을 믿는다는 것은 우리의 시선이 바뀌는 것이다. 나는 지금 누구를 바라보고 있는지 생각해봐야 한다. 하나님을 믿는다고 하면서 아직까지 '주만 바라볼지라'가 아니라 세상만 바라보며, 주변 사람들과 자신을 비교하면서 스스로 한탄하고 배 아파하며 살고 있지는 않는가. 하나님의 은혜를 체험하고 제일 먼저 바뀌는 것은 바로 우리의 눈이다. 예수님을 믿는다는 것은 우리의 가치관이 바뀌고 기준이 바뀌고 삶의 목표가 바뀌는 것이다.

가나안을 정탐했던 열 명의 정탐꾼들은 그곳에 사는 거인족속과 견고한 성을 봤지만 여호수아와 갈렙은 그곳에서 하나님의 약속을 봤다. 다니엘이 봤던 것도 사자가 아니다. 배고픈 사자가 자신에게 덤벼드는 것을 봤다면 그는 하나님께 감사의 기도를 하지 못했을 것이다.

세상 사람들은 눈은 바꾸지 않고 삶만 바꾸려고 노력한다. 그러나 기독교는 눈을 바꾸는 종교이다. "천국은 마치 밭에 감추인 보화와 같으니 사람이 이를 발견한 후 숨겨두고 기뻐하며 돌아가서 자기의 소유를 다 팔아 그 밭을 사느니라."

믿음의 장이라고 불리는 히브리서 11장은 믿음에 대해 이렇게 말하는 것으로 시작된다. "믿음은 바라는 것들의 실상이요 보이지 않는 것들의 증거니 선진들이 이로써 증거를 얻었느니라"(히 11:1~2).

믿음은 남들이 볼 수 없는 것, 그것을 바라보며 나아가는 것이다. 그래서 절망 속에서도 소망을 보며, 고난 속에서도 희망을 보며, 심판 중에 구원을 볼 수 있게 된다.

하나님 안에서 변화 받은 사람들의 특징이 있다. 과거에는 다른 사람의 부정적인 면만 보이고, 다른 사람의 단점만 보였지만 언제부턴가 감사가 보이고 희망이 보이고 그들 안에서 하나님의 은혜가 보인다는 것이다. 그것이 믿음의 사람의 모습이다.

질그릇의 축복

딤후 2:20

몇 해 전, 비닐하우스 2동에다 블루베리 묘목을 구해 심었다. 블루베리는 우리나라 기후에는 약간 맞지 않는다. 땅속에서 수분을 잘 받아야 하고, 거름도 다르기 때문이다. 블루베리에다 물을 주기 위해 지하수 물에 호수를 연결해 1시간가량 넉넉하게 물을 주었다. 일반 호수는 수압을 견디지 못해 호수가 터지면 물이 샌다. 그렇기 때문에 호수에 물이 새면 틈을 테이프로 아니면 비닐로 꽁꽁 묶어 다시 꼭지를 틀어 물을 줘야 한다. 물론 호수를 새것으로 갈아버리면 그만일 수도 있겠지만, 주인은 호수를 고치고 또 고쳐서 계속 사용한다. 이렇게 해서 수확 때가 되면 호수 주변에는 풀이 자라고 더러는 고들빼기가 자라 꽃이 피어 있기도 하다. 호수는 얼마나 민망할까 생각하면서도, 주인은 고들빼기가 자라서 꽃이 피기까지 호수의 덕분이라는 것을 잘 알고 있다.

금이 가고 깨진 데다 더욱이 생김새도 못생긴 우뚝한 항아리 하나가 있다. 주인은 아침저녁으로 물지게를 지고 물을 길어온다. 간혹 항아리의 깨진 틈으로 물이 조금씩 새기도 하지만 주인은 그

항아리를 사용하고 또 사용한다. 깨진 항아리는 자기를 아껴주는 주인에게 고마우면서도 한편으로 미안한 마음을 감출 길이 없다. 어느 날 깨진 항아리는 용기를 내서 진지하게 주인에게 묻는다.

"못생기고 금이 간 저를 버리고 새 항아리를 구하시면 좋을 텐데요. 힘도 안 들고요."

그러자 주인이 빙그레 미소를 지으면서 말한다.

"물 항아리야. 지금껏 우리가 걸어온 길을 보자."

그때 항아리는 생각 없이 주인님이 다니던 그 길을 바라보았다. 길가 옆에는 아주 예쁜 꽃들이 자신의 모습을 드러내면서 아름답게 자라 있었다. 하나님의 창조 아래 천국으로 가는 아름다운 길과 같이 보였다.

"주인님, 어떻게 이 길에서 이런 아름다운 예쁜 꽃들이 피어 자랄 수 있을까요?"

주인은 웃으면서 말한다.

"너의 깨어진 틈으로 새어 나오는 물을 먹고 자란 꽃들이다."

우리의 관심은 무엇일까? 금그릇인지 은그릇인지에 대한 관심보다 얼마나 귀하게 쓰임 받는 그릇인지에 대해 생각해보아야 한다. 금이든 은이든 그릇은 귀하게 쓰임 받을 수 있다. 그래서 그릇의 재질이나 크기 등에 대한 것보다 더욱 중요한 것은 주인이 쓰시기에 합당한 것이냐 아니냐를 따져보아야 한다.

본문의 초점은 금, 은의 문제가 아니라 귀한 그릇이 포인트다. 우리는 귀한 그릇이 되기 위해 얼마나 힘쓰고 있을까. 본인만의 이익과 욕심 그리고 여러 가지 갈등이 얼마나 많이 있을까.

사회복지사로서의 윤리와 가치를 넘어 장애를 악용하는 사례를 볼 때 정말 부끄럽기 짝이 없다. 하나님 보시기에 얼마나 부끄러운 삶인지, 그 부끄러운 삶이 얼마나 갈 수 있을지 의문이다.

우리의 삶은, 서로가 부족함을 채워줄 수 있는 공유의 삶이 되어야 한다. 그것이 하나님의 축복이다. 힘들고 어렵고 함께하지 못하는 일들에 대해 상처를 치료하고 붕대로 감싸듯 따스한 관심과 사랑을 보일 때 우리는 소중한 질그릇이 될 수 있다.

중요한 것은 나 자신을 스스로 자책하지 말아야 한다는 사실이다. 주인은 깨진 항아리를 통해 힘들고 고달프고 어려웠지만 아름다운 자연의 들꽃을 키울 수 있었다고 말한다. 내 관점이 아니라 주님의 관점을 가지고 자신을 들여다보는 과정이 필요하다. 큰 집에는 금, 은그릇뿐 아니라 나무 그릇도 있고 질그릇도 있고 귀하게 쓰이는 것도 있고 천하게 쓰이는 것도 있었다.

탈무드에는 이런 말도 있다. "하나님은 우리가 당신이 주신 모습을 즐기기 원하신다." 내가 나 자신을 부끄러워하는 순간 나를 창조하신 하나님을 거부하고 있는 셈이 된다. 어떠한 그릇이든 주님의 귀한 사랑이 담긴 믿음과 겸손과 순종과 성령의 열매를 담을 때 질그릇의 축복이 있을 것이다.

준비가 있어야

요 15:1~17

본문에는 주님 안에 '거하라'는 말과 '사랑'이라는 단어가 많이 등장한다. '거하는 것'과 '사랑'하는 것의 공통점은 인간의 관계성이다.

예수님은 "나는 포도나무요 너희는 가지라"고 말씀하셨다. 가지가 포도나무에 붙어 있지 아니하면 열매를 맺을 수 없다고 하셨다.

성도가 한 조직 안에 거하지 않고 다른 생각, 불만, 불평만 늘어놓는다는 것은 축복의 열매가 없다는 뜻이다. 7절에 "함께 거할 때"라고 했다. 행정적으로 사회적으로 큰 보람과 성과가 있고 조직의 공유가 아름다울 때, 내 안에 거하면서 원하는 것은 다 구하라는 말씀이다. 그리하면 이루리라 하셨다.

우리는 하나님께 간구하고 기도하고 간청하기를 좋아한다. 그러나 먼저 내가 간구하기 전에 갖추어야 할 일이 없는지 살펴보아야 한다. 그 뜻이 준비된 자에게 하나님께서는 반드시 복을 주신다. 그러기에 먼저 주님 안에 거하는 믿음의 자세와 순종과 겸손 등이 있어야 한다.

주님과 함께 거하지 않으면서 사사건건 하소연하고 요구하는 사람은 진정으로 좋은 열매를 맺을 수 없다.

예수님을 떠나서 아무것도 할 수가 없다고 하셨다. '아무 열매'란 말씀은 아예 생각도 말라는 말과 같다.

베드로는 예수님을 만나기 전 해가 지도록 물고기를 한 마리도 잡지 못했다. 그러나 예수님을 만나고 말씀에 의지하고 순종한 결과 그물을 내렸을 때 놀라운 기적을 보게 되었다. 말씀에 순종한 결과 그물이 찢어질 정도로 물고기가 잡혀 혼자 힘을 다하지 못해 동료의 도움까지 구하게 되었다.

다윗도 혼자가 아닌 여호와 안에 거하였을 때 거인이라는 골리앗을 무너뜨렸다. 하나님 밖에 거할 때는 능력이 없었다. 정욕을 이기지 못하고 빗나간 살인과 죽음에 거하고 말았다.

사울 왕도 하나님 안에 거했을 때 여러 왕들과 전쟁에서 승리를 했지만 하나님 밖에 거하는 자신의 작은 질투심과 개인적 욕심 하나를 이기지 못하고 비참한 생각에 빠져 최후에 불행을 겪게 되었다.

주님 안에 거할 때는 생명이요 구원이요 능력이지만, 주님 밖에 있을 때는 죄악뿐이라는 것을 기억해야 한다. 주님이 원하시는 좋은 관계, 친밀한 관계, 함께 배려하는 관계, 겸손과 순종이 있을 때 어떤 일을 해도 아름다운 열매를 맺을 수 있을 것이다.

탄식소리

/

시 102:3~7

"내 날이 연기 같이 소멸하며 내 뼈가 숯 같이 탔음이니이다 내가 음식 먹기도 잊었으므로 내 마음이 풀 같이 시들고 말라 버렸사오며 나의 탄식 소리로 말미암아 나의 살이 뼈에 붙었나이다 나는 광야의 올빼미 같고 황폐한 곳의 부엉이 같이 되었사오며 내가 밤을 새우니 지붕 위의 외로운 참새 같으니이다"(시 102:3~7).

본문에는 시편 기자의 간절한 탄식소리가 나타난다. 마음이 얼마나 힘들고 상했으면 그와 같은 고백을 했을까.

말씀을 잘 살펴보면 현대의 심리학적 주제가 고스란히 담겨 있다. 먼저 "대저 내 날이 연기 같이 소멸하며 내 뼈가 숯 같이 탔음이니이다"라는 것은 탈진된 상태를 말하는 것으로 보인다. 무엇이 탈진했다는 말일까? 아궁이에 타다가 남은 것은 연탄재와 같은 내 인생길을 말하는 듯하다. 어떻게 보면 건전지의 약이 다 닳아빠진, 아무런 힘없는 내 삶의 의미가 아닐까 싶다. 내 삶이 버림받듯 버려져야 하는 고통을 말하고 있는 것이다. 얼마나 힘든 고난일까.

여기서 다른 번역을 보면 건강할 때 찾아볼 수 없는 과정이고,

무슨 불치병으로 죽은 목숨을 묘사하는 것 같다. 괴롭고 힘들 때 지난 고난을 돌이킬수록 더욱 건강은 악화되고 무슨 표현을 해야 할지 한없는 눈물만이 솟아 흐른다.

이어서 보면 먹고 살아야 하는 몸이 섭식장애까지 괴롭게 찾아와 부딪힌다. 음식을 먹을 수가 없고 생각의 고민이 쌓인다. 심리적인 장애가 중복되어 찾아온다. 마음에 우울증 같은 고통을 달랠 길이 없다. “내 마음이 풀 같이 시들고 말라버렸다”고 하니 얼마나 큰 탄식소리인지 모른다. 그로 인해 살이 뼈에 붙었다고 쇠약한 고백을 하고 있는 것이다.

“광야에 올빼미 같고”라는 말은 얼마나 외로운지를 드러내는 말이다. 또 “황폐한 곳의 부엉이 같이”란 고독을 뜻한다. 외로움과 고독이 무엇을 의미하는지 잘 알 것이라 생각한다. 총체적인 난국이다. “내가 밤을 새우니”라고 했다. 얼마나 괴로운지 마약성분의 진통제를 먹어도 잠시뿐이다. 나 자신이 어디로 가고 있는지도 모른다.

또한 “지붕 위의 외로운 참새 같으니”라고 했다. 참새도 제 집을 얻고 제비도 새끼들 보금자리를 얻었다고 하는데 참새보다 못한 처지를 고백한다.

저들을 위해서 지금까지 함께하고, 개인적 욕심 없이 행한 진실한 그 마음도 모르고 자신만의 욕구를 추구하는 비양심은 얼마나 갈지 탄식하는 소리다. 방법은 조금 틀어졌는지 모르지만 그래도 오로지 같은 처지에 있는 그들만 바라보았는데, 내가 현실적으로 쌓아놓은 게 무엇인지 궁금하다. 그저 진실한 마음으로 작품과 같은 삶을 배려해주고 함께하는 사명인데 왜 그 잡초를 뽑지 않고 밑거름만 채워주었는지 모르겠다.

그러고 보면 시편 기자는 얼마나 큰 고통이었을지 비교할 수 없을 만큼의 탄식소리가 들려온다. 믿음의 영웅들이 처한 현실일지 모른다. 우리만이 아니라 언젠가 육체로 죽음의 상태에 이르기까지 피곤하고 지친 우리를 향한 부름이 아닐까 생각한다. 우리 인간이란 만남의 관계 속에서 삶을 소유하듯 하지만 실은 인간의 만남은 소유가 아니라 공유로 함께하는 삶인 것이다.

"너희 믿음의 생활이 탈진했느냐. 나에게 와서 함께 길을 나서면 너희의 삶은 회복될 것이다. 내가 너희에게 제대로 쉬는 법을 가르쳐줄 것이다. 너희에게 무겁거나 맞지 않는 짐을 지우지 않을 것이다."

마음이 괴롭고 떨리고 혼자일 때, 두렵고 공포가 엄습할 때 '함께'라는 말을 떠올려야 한다. 이것은 나와 '함께'하면 모든 공포와 고난의 시련은 사라진다는, 동사적인 완료형을 말한다.

깊은 생각

/

히 3:1

요즘은 어딜 가든 사람들이 서로가 얼굴을 보면서 스치는 일이 드문 것 같다. 야구 중계 보는 사람, 게임하는 사람, 정보를 검색하는 사람 등 상대가 없어도 혼자 뭔가 집중하며 고개를 숙이고 지나는 모습을 보게 된다.

버스나 지하철을 타도 모든 사람이 한결같다. 만남을 통해 정을 나누고 서로가 안부를 전하던 아날로그 시대는 사라진 듯하다. 요즘은 병원에 가도 사람이 하던 일들을 컴퓨터나 전자기계가 대신하고, 또 로봇이 대신하기도 한다.

인간이 동물과 다른 것이 무엇일까. 바로 생각한다는 점이다. 생각을 통해 창의성을 끌어내고 생각을 통해 삶의 지혜를 찾는다. 과학문명이 발달하는 것은 좋은 일이지만 생각을 하지 않는 인간을 만들고 있는 것은 아닌지 걱정이 되기도 한다.

사람은 깊은 생각을 통해 통찰력을 얻는다. 예수님은 묵상하므로 인생의 본질을 깨닫고 깊은 영감을 얻으셨다. 그러나 사람은 일상의 신비를 모르는 것 같다. 성숙한 신앙인이라면 일상은 하나님의 신비로 싸여 있다는 것을 깨달아야 한다. 하나님의 신비와 기적을 보고 감사하는 삶을 살아야 한다.

모든 사람은 무언가 얻으려고 할 때 반드시 대가를 지불해야 한다. 세상 어딜 가나 공짜는 없다. 세상에 공짜가 있다면 그것은 무슨 위험의 문제가 있는 것이다. 우리는 생활 속에서 주변을 깊이 돌아보아야 한다. 따뜻함을 주는 햇살, 아름다운 자연 환경, 숨을 쉴 수 있게 하는 공기 등 이 모든 것을 대가로 지불하려면 엄두도 못 낸다.

이 외에도 주변에 없어서는 안 되는 소중한 것이 얼마나 많이 있을까. 삶을 풍요롭게 해주는 신비와 영성(열상 19:9~12), 말씀이 그렇다. 그런데 인간이 이런 생각도 없이 감사를 잊고 사는 것이다. 하나님의 신비와 기적에 감동하면서 감사하는 것은 기본일 것이다. 하나님께서는 귀한 것을 주시고 이와 같은 것들을 대가를 지불하라고 요구한 적이 없으시다. 일상을 산다는 것은 하나님 덕분이라는 것을 알아야 한다.

우리는 소중할수록 더욱 감사를 모르고 그저 인간경쟁을 통한 하찮은 일에 감사하는 경향이 있다. 이 땅 위에는 늘 하나님께서 함께하고 계시는데, 필수적인 감사를 잊고 산다면 그것은 매우 어리석은 일이 된다. 주님의 사랑과 은혜 충만함이 스며들어 있는 삶을 깨닫고, 하루가 소중함을 느껴야 한다.

하나님께서는 최초로 에덴동산에서 아담과 하와를 통해 하나님의 극진하신 독생자 예수님의 사랑을 주셨고, 아담을 통해 노동의 대가를 갖게 하셨다. 그래서 인간의 삶에서 노동이 멈추면 악취가 나듯 사람은 무슨 노동이든 순환이 된다는 것은 삶의 즐거운 행복과 하나님의 축복이 함께하고 있다는 것임을 기억해야 한다. 그래서 멈춤은 썩은 소비가 되고 흐름은 신선한 소비가 된다.

아름다운 '시작과 끝'을 위한 10가지

1. 최선을 다하라(이기려 애쓰지 말고).
2. 일상생활을 기록하라.
3. 콘텐츠를 통한 시식과 생각의 통찰력을 개발하라.
4. 자신의 영역을 넓히고 관리하라.
5. 남에게 일을 맡기고 다른 일을 볼 때 반드시 맡긴 일을 검증하라.
6. 누구를 만나든 인간관계는 긍정적으로 받아들이고 마음속에서만 판단 정리하고 대인관계는 소통 유지하라.
7. 자신이 사는 동안 반드시 예비비 저축을 잊지 말라.
8. 무엇이든 눈치 빠르게 행동하고 흔적을 나타내지 말라.
9. 무슨 일이든 여유의 공백을 남기고 마무리를 하라.
10. 버릴 줄 알고 과감하게 이용하라.
11. 반드시 쉬는 시간을 확보하고 사회봉사를 하라.

제4장

담장 밖으로부터 온 편지

◆

담장 안에 머무는 동안

사랑하는 아내와 아들딸, 직원, 후원자,

그리고 '은혜의 집' 안에서 동고동락하며

'가족'이라는 이름으로 오랜 시간

함께해온 이들로부터 받은 편지글입니다.

아내로부터 온 편지

/

01

내가 앞으로 가도 그가 아니 계시고 뒤로 가도 보이지 아니하며 그가 왼쪽에서 일하시나 내가 만날 수 없고 그가 오른쪽으로 돌이키시나 뵈올 수 없구나 그러나 내가 가는 길을 그가 아시나니 그가 나를 단련하신 후에는 내가 순금같이 되어 나오리라(욥 23:8~10).

여보, 이 말씀 붙잡고 우리 꼭 승리해요

2014. 8. 11 아내로부터

02

사랑하는 당신에게.

아껴두었던 이번 달 마지막 면회를 몇 마디 대화도 못하고 헤어져서 오는 길이 너무도 아쉽고 아팠어요. 많이 야윈 당신 얼굴 모습이 안타깝고 마음은 무어라 표현을 할 수가 없어요. 미안해요. 힘내요.

그 어떤 말이 당신에게 위안이 될까요?

내가 할 수 있는 것은 당신 만날 때까지 아이들과 어머님 잘 보살펴드리고 분류 심사 좋은 결과 나와서 육체의 고통 조금이라도 덜어지길 기도할 뿐 할 수 있는 일이 당신의 고통에 비해 너무 초라해서 미안한 마음뿐이에요.

오늘 당신 만나고 돌아오는 길에 집에 들러 풀을 뽑았어요. 블루베리가 올해도 많이 달릴 것 같아요. 요양원에 부탁해서 물도 주고, 요즘 햇빛을 잘 받아서 그런지 꽃망울이 제법 크게 달려 있네요.

여보, 이렇듯 천년 같은 하루가 이렇게 지나고 있는데 아무 도움도 위안도 안 되는 말이지만 어서 속히 만나는 그날까지 힘내고 건강 생각해서 식사 잘하시라는 말밖에 할 말이 없어서 속상하고 내가 너무 바보 같아서 미안해요.

이 고통의 시간을 어떻게 보내야 당신과 내가 하나님 앞에 바로 설 수 있는지 심장이 타들어가는 것 같아요.

지금 시간은 주일 새벽 3시 26분이에요. 잠을 잘 수가 없어요.

당신이 보고싶을 때 생각날 때마다 사진을 머리맡에 놓고 들여다보며 기도합니다. 아내로서 내조를 제대로 잘하지 못해서 지금 당신이 엄청난 고통을 겪고 있는 것 같아 미안하고 내가 겪을 수만 있다면 대신 겪고 싶을 만큼 몸과 마음이 아파서 견딜 수가 없어요. 아무 도움도 위안도 안 되는 말이지만 당신하고 나 이렇게 어려운 시간들을 보내고 있는데 조금만 더 힘내서 만나는 날 좋은 모습으로 웃는 얼굴로 만날 수 있도록 노력해요. 지금의 이 고통이 옛날

이야기가 되려면 당신 건강이 중요하니까 식사 잘하셔야 돼요.

입도 짧은데 음식도 많이 못 먹고, 지저분한 것 싫어하는데 여러 가지로 힘들겠지만 여보, 조금만 더 힘내서 식사 잘하시고 잘 견디셔야 해요. 어떠한 수모와 비참함도 잘 견뎌내서 당신과 내가 만나는 날 또 주님 앞에서 만나는 그날에 웃을 수 있는 참 승리자가 될 수 있도록.

여보! 절대로 낙심하지 말고 마음 지치지 말고 여러 가지 생각 하지 말고 오직 고통스러울 때마다 당신 건강, 가족, 예수님 생각하면서 힘내고 힘내서 잘 견디셔야 해요.

아무것도 무서울 것도, 두려울 것도 없어요. 사랑에는 두려움이 없다고 했으니 나를 사랑하고 가족 사랑, 예수님 사랑하는 마음으로 모든 고통 두려움 이겨내셔야 돼요.

당신은 강하고 집념이 남다르니까 꼭 잘 견딜 줄로 믿어요.

밖의 상황도 많은 것들이 변화되었고 또 미래를 위해서 인정하고 적응할 수밖에 없는 현실이 쉽지만은 않지만 변하지 않으면 안 되겠지요.(중략)

그곳 생활이 얼마나 힘들고 고통스러운지 나는 알 수 없지만 잘 견뎌내고 나 또한 당신한테 부끄럽지 않게 잘 살아서 만날 때는 모든 고통 슬픔 잊고 웃으면서 만날 수 있도록 할게요.

여보, 그런 날을 위하여 우리 열심히 잘 견뎌내요.

2015. 3. 29 새벽. 당신의 아내 올림

03

모든 눈물을 그 눈에서 씻기시매 다시 사망이 없고 애통한 것이나 곡하는 것이나 아픈 것이 다시 있지 아니하리니 처음 것들이 다 지나갔음이러라(계 21:4).

생각하건대 현재의 고난은 장차 우리에게 나타날 영광과 비교할 수 없도다 아멘(롬 8:18).

여보! 어제 변호사님 만났을 때 아이들 얘기를 잠깐 했어요. 당신 이렇게 되고 아빠하고 엄마가 너희들에게 너무 미안하다, 그랬더니 ○○이 하는 말이 "엄마, 그런 말 하지 마세요. 엄마 아빠가 살아오실 걸 아는데 저는 괜찮아요. 아빠 엄마 힘내세요"라고 했다고 변호사님한테 말했더니 자녀들이 편지를 써서 가져오라는 거예요. 그래서 어제저녁 ○○가 편지를 썼는데 얼마나 잘 썼는지 아빠를 생각하는 마음이 진실하게 느껴져서 마음이 짠하고 눈물이 났어요. ○○이도 오늘 집에 와서 쓴다고 했어요.

당신 힘내세요. 우리 애들 바르게 잘 크고 착하게 잘 살고 있어요. 이제 좋은 일만 있을 거예요. 식사 잘하시고 당신 건강만 생각하세요. 건강할 때보다는 아플 때, 기쁠 때보다는 슬플 때 당신을 더 많이 사랑하고 싶은 당신의 아내가 면회시간을 기다리며 급하게 썼습니다.

2014. 9. 29 오전 9시

04

여보 보세요. 오늘 면회 못 가서 하루가 많이 지루하셨지요. 이곳에도 많은 일들이 있었네요.

○○○집은 원가족 부모 모임이 있었어요. 이번에는 많은 분들이 참석을 하셨지요.

20여 가정이 모이셨는데 당신 빈자리 때문에 모두 눈물바다가 되었어요.

그동안의 많은 고생과 헌신을 알고 계신 분들이기에 한결같이 안타깝게 여기시고 당신을 그리워하셨어요.

2시쯤 모든 행사가 잘 끝나고 오후에는 ○○○ 목사님께서 오셔서 여러 가지 도움의 말씀과 위로의 마음을 전하고 가셨어요.

○○○집 남여 생활실에 신규 직원들이 채용되었고, ○○○집은 한 기자님 여행사하고 연결하여 제주도 여행을 10월 하순경으로 계획하고 있답니다.

가족들도 잘 지내고 있어요. ○○씨는 지난 번 당신 만나고 왔을 때 며칠 동안 눈물을 흘리고 식사를 못하실 만큼 마음 아파하시고, ○○이도 아빠 빨리 보고 싶다고 아프지 말라고 매일 기도한다며 당신을 그리워하네요.

여보, 힘내세요.

우리 모두 당신이 건강하게 하루빨리 우리들 곁으로 오시길 기도하고 있어요.

환절기라 아침저녁 난방이 안 될 텐데, 아픈 몸이 통증이 심할 텐데…….

그래도 식사 잘하시고 건강 잘 지키셔야 돼요.

현재의 고난은 장차 우리에게 나타날 영광과 비교할 수 없도다 (롬 8:18).

이 말씀처럼 앞으로 우리에게 부어주실 축복을 믿으며 이 고난이 복이 될 줄을 믿습니다.

매일매일 주님과 함께 평안의 축복이 임하시길 기도하며,

2014. 9. 18 자신보다 더 당신을 사랑하는 아내 올림

05

사랑하는 당신에게.

지금 시간이 새벽 4시입니다. 3시에 잠이 깨어 기도하다가 당신 생각이 나서 편지를 씁니다.

너의 길을 여호와께 맡기라
저를 의지하면 저가 이루시고 네 의를 빛 같이 나타내시며
네 공의를 정오의 빛 같이 하시리로다
여호와 앞에 잠잠하고 참아 기다리라
자기 길이 형통하며 악한 꾀를 이루는 자 때문에 불평하지 말지어다
분을 그치고 노를 버리라
불평하지 말라

행악에 치우칠 뿐이라
대저 행악하는 자는 끊어질 것이나
여호와를 기대하는 자들은 땅을 차지하리로다(시 37:5~9).

아무것도 근심하지 말고 우리 기도해요.

현재의 환경과 사람을 바라보면 실망과 원망뿐이지만 모든 것을 아시고 주관하시는 하나님께서 좋은 길로 인도해주실 줄 믿어요. 사람을 믿고 의지하면 상처받고 실망뿐이지만 하나님을 의지하면 말씀대로 우리를 정오의 빛같이 비추어주실 줄 믿습니다.

여보, 우리 힘내요.

이제 남은 세월은 주님만 의지하고 살아요. 그러면 이 세상에서 필요한 것을 채워주심은 물론이고 하늘의 좋은 모든 것을 우리에게 부어주실 거예요.

불완전한 사람과 이 땅의 것 믿지 말고 완전하고 온전하신 주님께서 앞으로 재판 모든 일정도 좋은 길로 인도해주실 줄 믿습니다. 그동안까지 건강 지켜주시고 마음의 평강의 복을 주시길 주님께 간절히 기도합니다.

2014. 9. 19 당신의 아내 올림

06

사랑하는 당신에게.

여보, 기도는 주님을 의지하는 것, 주님을 바라보는 것, 주님을 생각하는 것.

기도를 통해서 하나님이 원하시는 것이 무엇인지 하나님의 마음을 알고 하나님의 뜻대로 살고 하나님의 기쁨이 되는 삶을 살기 위하여 우리는 정말 기도해야 할 것 같아요.

기도를 왜 해야 되는지 그 이유를 알려주신 주님의 말씀입니다.

1. 오직 나만이 유일한 빛이기 때문이다.
   나는 네가 어둠(죽음 저주 사망 멸망)을 보는 것을 원치 않는다.
2. 오직 나만이 거룩하고 성결하고 깨끗하기 때문이다.
   나는 네가 더러움, 부정한 것을 봄으로 더럽혀지는 것을 원치 않는다.
3. 오직 나만이 선하고 의롭기 때문이다.
   나는 네가 죄악에 오염되고 접촉되는 것을 원치 않는다.

세상의 법은 부분적이고 완전하지 못해서 어느 한 부분의 잘못만 알고 벌을 주지만 처음과 끝을 아시는 하나님은 완전하시기에 당신과 나의 마음을, 살아온 삶을 알고 계실 줄 믿어요.

○○이가 판사님께 쓴 편지 내용에도 있듯이 나의 아버지가 잘못한 것이 있다면 장애인 가족들에게 더 잘해주려고 한 것이지 절대로 악의로 한 것이 아닐 거라고, 자신이 알고 믿고 있는 나의 아버지는 그런 분이라고 간절히 말했듯이 하나님께서도 우리의 삶들을 알고 계실 줄 믿어요.

우리 이제는 당신 말대로 어떤 결론이 나오든 마음 비우고 하나님만 의지하고 바라보고 생각하면서 살아요. 모든 우선순위에 하나님을 제일 앞에 모시고 그렇게 살아요.

그리고 당신 문제 생길까봐 걱정되어 면회하는 거 화목토만 오라고 했는데 내가 알아서 조심해서 잘 다닐게요. 공휴일 주일에 못 보는 것도 힘든데…….

제가 당신 얼굴 보고 싶어서 가는 거예요. 그렇게라도 못 보면 내가 견디기가 너무 힘들어서 그런 거니까 너무 걱정하지 말아요. 조심히 잘 다녀올게요.

2014. 10. 12 오전에 면회하고 토요일 밤에 당신의 아내 올림

07

모든 눈물을 그 눈에서 씻기시매 다시 사망이 없고 애통하는 것이나 곡하는 것이나 아픈 것이 다시 있지 아니하리니 처음 것들이 다 지나갔음이러라(계 21:4).

사람으로는 할 수 없으되 하나님으로는 그렇지 아니하니 하나님으로는 다 하실 수 있느니라 아멘(막 10:27).

사랑하는 당신에게.

여보, 이제 우리 하나님만 믿어요.

사람에게 상처받고 배신당한 마음 하나님 앞에 쏟아놓고 하나

님만 의지하고 살아요. 우리들의 모든 문제 사람은 힘들고 어렵게 생각하지만 하나님이 하시려고 하면 아무것도 아니에요. 너무도 멋지고 쉽게 해결해주실 거예요.

기도만 해도 하나님이 도와주시면 모든 문제들이 어떻게 해결되는지 한번 지켜보셔요. 하나님이 하나님의 방법으로 멋지게 해결해주실 거예요.

아무것도 염려하지 말고 하나님이 좋아하시는 생각 행동만 해요 우리.

이제는 그렇게 살아요. 지금은 그 무엇보다 당신 건강이 우선이니까 식사 잘하고 잠 잘자고 잘 견디셔야 돼요. 이곳 걱정은 조금도 하지 마셔요. 아이들도 잘하고 있고, ○○, ○○이는 엄마 마음 아플까봐 내색을 안 하지만 ○○이는 가끔씩 아빠 보고 싶다고 하고 지난번에는 아빠 보고 싶다고 너무 울어서 밤새도록 코피를 쏟을 정도였어요. 어머니도 잘 계셔요. 당신이 사놓은 영양제 주사 또 놔드렸어요. 오늘 ○○가족들 제주도 갔는데 그곳은 해가 났다네요. 안전하게 잘 다녀올 거예요. 문제가 생기면 여행사에서 모든 책임을 진다는 계약서도 했고, 여행자 보험도 들었어요. 내가 이곳에서 힘들고 고통스럽다 한들 당신보다야 하겠어요. 아이들도 나도 당신 걱정과 당신 건강이 가장 큰 기도제목이고 매일매일 기도하고 있어요. 당신도 힘내고 우리 다시 만나 행복하게 살 수 있도록 더 많이 기도하고 기도해요 우리.

이제는 절대로 다른 생각하지 말고 하나님만 바라보고 의지하고 생각하면서 인생의 참 행복을 누리며 살아요.

꼭 그런 날이 속히 올 수 있도록 간절히 바라고 또 바래요.

여보, 당신이 어느 곳에 있든 내 마음은 항상 당신과 함께 있고 변하지 않는다는 것 꼭 기억하세요.

2014. 10. 21 당신을 많이 사랑하는 당신의 아내 올림

08

나 여호와가 말하노라 너희를 향한 나의 생각은 내가 아나니 재앙이 아니라 곧 평안이요 너희 장래에 소망을 주려하는 생각이라 너희는 내게 부르짖으며 와서 내게 기도하면 내가 너희를 들을 것이요 너희가 전심으로 나를 찾고 찾으면 나를 만나리라(렘 29:11~13).

사랑하는 당신에게.

당신 편지 잘 받고 읽었어요.

당신이 만든 찬양도 ○○한테 카톡으로 보내줬더니 내일 집에 오면 반주해서 같이 불러보자고 했어요.

당신의 절박하고 간절한 마음이 느껴지고 내가 아무리 그 고통을 알려고 해도 한계를 느낄 수밖에 없어 당신에게 미안하고 또 미안한 마음뿐이네요.

때때로 얼마나 외롭고 두렵고 힘들까 생각하면 자다가도 벌떡 잠이 깨이지만 당신의 그 벼랑 끝과도 같은 마음을 다 헤아릴 수 없어 가슴이 멥니다.

여보, 우리 이 고통의 시간을 잘 견뎌내서 정말 이전의 잘못 살았던 모든 삶들은 깨끗이 청산하고 새롭게 거듭나요.

온전히 주님이 원하시는 주님의 자녀로만 살아요. 우리.

그 주님 품안에 머물 때만 참 행복과 평안이 있기에 주님만 바라봐요.

오늘 당신을 만나고 돌아오는 길에 당신의 초췌한 모습이 눈앞을 떠나지 않았어요. 선고 재판을 앞두고 시간을 보내는 당신의 그 간절한 마음에 주님의 위로와 평강이 임하시길 간절히 기도했어요.

아무것도 염려하지 말고 모든 근심 걱정은 주님께 맡기고 이 밤도 편히 잠들기를 기도해요. 그 어떤 것보다 당신의 건강이 우선이라는 것 항상 잊지 말고 식사도 잠자는 것도 항상 잘 하셔야 돼요.

조금 전에는 ○○이가 아빠 잘 있냐고 느닷없이 전화를 했네요. 밤 늦은 시간인데 갑자기 아빠 생각이 났나 봐요. 오늘 저녁에는 ○○○집에서 오리를 훈제한 요리가 저녁 메뉴라며 한 마리 주기에 집에 가져와서 어머님하고 아주버님 드시게 했더니 잘 잡수셨어요.

감나무에는 감이 20여 개 달렸는데 당신이 집에 와서 따라고 그냥 놔뒀어요. 얼른 집에 와서 꼭 그렇게 하셔야 돼요.

2014. 10. 22 오늘은 당신에게 많이 미안하고 미안한 당신의 아내 올림

09

사랑하는 당신에게.

오늘 새벽기도 가운데 시편의 말씀이 생각났습니다. 꼭 당신과 나의 마음을 담은 말씀 같아서 적어봅니다.

(다윗이 아비멜렉 앞에서 미친 체하다가 쫓겨나서 지은 시)

내가 여호와를 항상 송축함이여 내 입술로 항상 주를 찬양하리이다 내 영혼이 여호와를 자랑하리니 곤고한 자들이 이를 듣고 기뻐하리로다 나와 함께 여호와를 광대하시다 하며 함께 그의 이름을 높이세 내가 여호와께 간구하매 내게 응답하시고 내 모든 두려움에서 나를 건지셨도다 그들이 주를 앙망하고 광채를 내었으니 그들의 얼굴은 부끄럽지 아니하리로다 이 곤고한 자가 부르짖으매 여호와께서 들으시고 그의 모든 환난에서 구원하셨도다 여호와의 천사가 주를 경외하는 자를 둘러 진 치고 그들을 건지시는도다 너희는 여호와의 선하심을 맛보아 알지어다 그에게 피하는 자는 복이 있도다(시 34:1~8).

오늘도 말씀으로 위로 받고 하늘의 소망과 평강이 당신의 가슴에 뜨겁게 임하시길 간절히 기도합니다.

2014. 10. 23 새벽. 당신의 손이라도 만져보고 싶은 아내 올림

10

여호와의 말씀이니라 너희를 향한 나의 생각을 내가 아나니 평안이요 재앙이 아니니라 너희에게 미래와 희망을 주는 것이니라 너희가 내게 부르짖으며 내게 와서 기도하면 내가 너희들의 기도를 들을 것이요 너희가 온 마음으로 나를 구하면 나를 찾을 것이요 나를 만나리라(렘 29:11~13).

모든 눈물을 그 눈에서 닦아 주시니 다시는 사망이 없고 애통하는 것이나 곡하는 것이나 아픈 것이 다시 있지 아니하리니 처음 것들이 다 지나갔음이러라(계 21:4).

사람으로는 할 수 없으되 하나님으로는 그렇지 아니하니 하나님으로서는 다 하실 수 있느니라(막 10:27).

너희는 가만히 있어 내가 하나님 됨을 알지어다 내가 뭇 나라 중에서 높임을 받으리라 내가 세계 중에서 높임을 받으리라 하시도다(시 46:10).

예수께서 즉시 이르시되 안심하라 나니 두려워하지 말라(마 14:27).

사랑 안에 두려움이 없고 온전한 사랑이 두려움을 내어 쫓나니(요일 4:18).

생각하건대 현재의 고난은 장차 우리에게 나타날 영광과 비교할 수 없도다(롬 8:18).

사랑하는 여보,

이제 남은 시간 다른 생각 하지 말고 이 말씀들만 붙잡고 기도해요. 우리의 중심을 진실을 아시는 주님께서 선한 길로 인도해주실 줄 믿어요. 어느 누구도 사람을 믿거나 의지하지 말고 하나님만 바라봐요. 믿고 의지해요.

사람들은 우리의 마음을 삶을 모르잖아요. 그러나 주님은 모든 것 다 아시고 우리의 마음을 헤아려주셔요. 말씀 붙잡고 기도해요. 평강의 주님이 이 밤에도 함께하시길 간절히 기도하며.

2014. 11. 26 당신의 아내 올림

11

면회 신청을 했는데 다른 사람이 이미 접견을 해서 오늘은 면회가 안 된다고 하네요. 너무 섭섭해서 펜을 들었어요.

몸은 좀 어떤지요. 약이 어느 정도 남았는지 내일 아침에 일찍 올게요. 필요한 것 기억했다가 알려주셔요.

참 긴 시간들이 힘들게 지나가고 있네요. 당신이 겪는 고통에 비하면 아무것도 아니지만 우리 조금만 더 힘내요.

아이들도 나도 당신 건강이 제일 걱정이고 통증이 완화되기를, 멈추기를 기도하고 있어요.

어머님도 요양병원에 잘 계시고 ○○이는 아빠 꿈꾸고 보고 싶다고 울었어요. 며칠 전에요.

어제는 목사님께서 잠깐 오셔서 내 얼굴만 보고 가셨어요. 당신한테 안부 꼭 전해달라고 하셨어요. 오늘의 이 시간들이 아픔이 꼭 좋은 결과가 될 줄로 믿으며 내일 일찍 올게요.

2015. 2. 25 오후 1시 45분에,
당신을 지척에 두고 만나질 못하니 마음이 형언할 수 없네요.

12

지금은 3월 18일, 오전 11시 58분이에요. ○○이가 학교에서 장학금 신청을 하는데 당신 수용사실 확인서가 필요해서 왔어요. 의료과장님 만났는데 혹시 소식 들으면 걱정할까봐 편지 써요.

밖에는 특별한 일 없어요. 작업장 문제로 월요일에 도, 군에서 기능 보강 법인 집중감사 했어요. 잘 끝났어요.

지금 밖에는 비가 오고 있네요. 당신 많이 힘들고 아프지만 조금만 참고 기다려요. 지금 보내고 있는 시간들로 인해 우리 부부 인생에도, 또 아이들도 모두 회복할 수 있는 날들이 올 거라 믿어요. ○○는 여러 가지로 견디기 힘들어해서 너무 미안하고 어떻게 해줄 수 없어서 마음 아프지만 잘 견뎌 주리라 믿어요.

어제 어머님 뵙고 왔는데 다리는 여전히 아프시지만 마음은 많이 편안해지셔서 다행이에요. 블루베리는 벌써 꽃망울을 머금고 열매 맺을 준비를 하고 있네요. 모두가 당신 손길이 닿아 있는 듯하여 마음이 서러울 때도 있어요.

당신이 편지로 이야기했듯이 사람은 누구도 믿을 수 없다는 것, 그래서 당신과 내가 모든 편지도 소통해야 되니까 하고 싶은 사람

있으면 지금처럼 나한테 해주세요. 전달해줄게요.

여보, 만날 때까지 조심 또 조심하고 이제 남은 세월 가족과 당신 건강을 위해 살아요. 다음 주 23일에 둘이만 올 거예요. 조심스러워요. 11시니까 그날 뵐게요. 부디 건강 잘 챙기세요.

추신 : 면회 이번 달 한 번 남았는데 당신 만나고 보고 싶은데 참고 돌아갑니다. 아껴두었다 특별면회 끝나고 올게요. 사랑해요.

13

사랑하는 당신 보세요.

이제 세상은 완연한 봄이 왔네요. 그곳에서도 봄을 느끼실 수 있는지요?

오늘 블루베리 밭에 두 번째 물을 주면서 당신 생각에 눈물이 났습니다. 당신 손끝이 머물러 있는 구석구석을 보면서 너무도 마음이 아팠습니다. 제가 이곳에서 아무리 힘들고 고통스러워도 당신에 비할까요. 하루에도 몇 번씩 마음이 무너지고 갈기갈기 찢기는 마음 당신과 아이들 생각하며 다잡고 있습니다.

또한 당신 만났을 때 좋은 모습 보여주고 싶어서 아이들과 주님께 기도하며 준비하고 있습니다. 아프지 말고 건강하게 잘 지내셔야 돼요. 지난 번 면회 때 얼굴이 많이 수척해서 걱정이 이만저만이 아니에요. 무엇보다 건강이 중요하니까 식사 잘 하시고 힘들지만 잘 안 되는 일이지만 마음 편히 갖고 나올 때까지 만날 날까지

건강 잘 챙기셔야 돼요.(중략)

여보, 이번 달 3월 23일 양력으로 당신 생일이라 이사님 중 한 분이 도와주셔서 특별면회 신청했어요. 4명 신청했는데 혹시 보고 싶은 사람 있으면 시간 있으니까 이 편지 받고 편지로 알려주셔요.

3. 15 주일 새벽에 당신의 아내 올림

추신 : 편지 쓰고 싶은 분들 계시면 저한테 보내주세요. 잊지 않고 꼭 전달해 드릴게요.

14

사랑하는 당신 보세요.

오늘 하루 많이 힘들고 긴 시간을 보내셨지요? 나도 어떻게 하루를 살았는지 힘든 하루가 지나고 지금 시간은 8월 14일 새벽 3시 3분이 되었네요.

어제 낮에는 ○○ 원장과 ○○가 당신 면회를 갔다 오고 밤 12시에는 혹시나 당신이 나올 수도 있다는 기대감으로 ○○하고 ○○이가 당신을 맞이하러 갔는데 아빠와 함께 돌아오지 못한 ○○이의 슬픈 눈빛이 이 시간까지 저를 잠 못들게 하고 있네요. 우리 모두의 이런 당신을 기다리는 마음보다 당신의 실망과 고통이 더 크고 아프다는 것 잘 압니다.

여보! 우리 조금만 더 힘내요. 당신 말했듯이 이제 40여일 정도 있으면 그때는 확실한 만남이 기다리고 있으니까 아프지만 말고 건강하게 식사 잘 하시고 할 수 있다면 마음도 편안하게 지내시다 기쁘게 만나요.

이제 내일은 아버님 추도예배라 우리 집에서 가족들이 모이기로 했어요. 당신과 함께였으면 정말 좋은 시간이 될 것이기에 많이 기다리고 기대했는데 아쉬운 마음이 쉽게 가라앉지를 않네요.

여보! 이번 일 겪으면서 저는 저의 마음을 알았어요. 당신을 향한 나의 마음이 어떤 마음인지 내가 당신에게 주고 싶은 사랑은 어떤 사랑인지 진짜 제 마음을 발견했어요. 이 세상 전부를 준다 해도 당신하고 바꿀 수 없고 이보다 더 큰 어려움과 고통이 온다 해도 당신만 있으면 견딜 수 있고 이 세상에서 일어나는 어떠한 환경이나 조건들이 당신을 향한 나의 마음을 빼앗을 수 없다는 것을 알았습니다. 그것이 죽음일지라도…….

나에게 가장 소중하고 귀한 사랑의 대상은 가장 먼저는 물론 하나님이시지만 그 다음은 당신과 우리 가족입니다.

이제 앞으로 남은 삶은 그렇게 살고 싶어요. 하나님을 사랑하고 그 사랑하는 마음으로 당신을, 나의 자녀들을 사랑하고 그리고 이웃의 영혼들을 사랑하는 사랑의 사람, 진실하고 정직한 사랑의 사람으로 살고 싶어요.

여보! 하루하루가 참으로 힘들고 고통스러운 시간들이 아직 남아 있기는 하지만, 밖의 상황도 슬픈 날들의 연속이지만, 많은 것들을 내려놓는 자신을 죽이며 산다는 것이 어떤 것인지 그러나 자신을 온전히 죽이고 살았을 때 받는 보상과 축복은 어떤 것인지 알고 믿으며 그러한 삶을 반듯하게 정직하게 잘 살아서 진정으로 거듭난 참 삶을 살기를 원합니다. 나에게 주어진 책임, 내가 해야 할 일들을 안 하고 해도 소홀히 하겠다는 것이 아니라 이제 언젠가는 없어질 땅의 것에 얽매이지 않고 영원한 삶, 변하지도 않고 없어지지도 않는 영원한 삶을 소중히 하며 살고 싶어요. 몸은 땅에 있지만 하늘의 사람으로 이제 제대로 한번 잘 살아보고 싶어요. 주님의 사람으로, 자녀로, 신부로.

그 어떤 말도 그 어떤 소리도 이제는 중요하지 않아요. 사람들의 말 한마디에 내 마음이 흔들리고 요동치는 그러한 삶은 이제 제게는 끝났어요. 사람을 의식하고 그 사람들에게 인정받고자 욕심을 내는 삶이 얼마나 초라하고 불쌍한 삶인지 알았거든요. 아무리 원칙을 좋아하는 사람도 욕심이 생기면 변질되고 그러한 삶이 얼마나 추하고 하나님을 슬프게 하는 삶인지 이제는 알기에 모든 일들이(사람을 사랑하는 일들도 포함해서) 동기와 목적이 사랑이 아니면 아무 소용이 없고 끝은 비참하다는 것을 알았기에 앞으로 남은 삶은 그렇게 살고 싶지 않아요. 사랑하는 당신과 자녀들을 위해서라면, 우리 가족이 온전히 주님 앞에 구원받고 거듭난 삶을 살 수 있도록 치러야 하는 대가가 있다면 어떠한 것도 두렵지 않아요.

지난 일 년 동안 내가 깨달은 것은 사랑이에요. 이 세상에 사랑보다 더 소중하고 위대한 것은 없다는 것을 하루에도 몇 번씩 깨닫고 확신하며 그러한 시간들을 보냈어요.

여보! 이제 우리 다시 만나서 새로운 삶을 시작할 때는 정말 멋지게 살아요. "이전 것은 지나갔으니 보라 새것이 되었도다." 지금까지는 제가 참 많이 부족하고 여러 가지로 참으로 좋은 아내, 좋은 엄마가 아니어서 당신과 아이들이 이토록 엄청난 고통을 겪는 것 같아 마음이 아프고 괴로운 시간들도 있었지만, 회개하고 애통하는 마음, 상한 마음을 저버리지 않으시는 주님께서 위로하여 주셨어요. 기회를 주신 하나님께 진심으로 감사드립니다.

나의 형제 곧 골육의 친척을 위하여 내 자신이 저주를 받아 그리스도에게서 끊어질지라도 원하는 바로라(롬 9:3).

당신과 아이들이 이 땅에서도 천국의 삶을 살고 죽어서도 천국에 들어가서 주님 품에 안길 수만 있다면 저는 어떠한 대가도 두렵지 않아요. 앞으로의 삶은 그러한 삶을 살 거예요. 여보!

2015. 8. 14 금요일 새벽 4시 2분,
이 세상 모든 사람들이 당신을 존경할 수 있도록 사랑하고 싶은
당신의 아내 올림

15

사랑하는 당신 보세요.

만날 날이 다가올수록 왜 이리도 시간이 더디 가는지 모르겠어요. 내 마음이 이러니 당신은 더하시겠지요. 그러나 지금까지 잘 견디어 왔듯이 끝까지 만나는 순간까지 더 잘하고 기쁘게 만나요. 건

강한 모습으로 만나요. 우리가 원하는 것은 끝이 좋은 사람이니까요. 이 모두는 과정이지만 마지막에서 웃을 수 있는 사람, 그 사람이 진정 승리자임을 믿습니다.

오늘은 많이 바빴어요. ○○ 오빠가 먼 길을 떠나셨네요. 아침에-.

기둥 323 당신 홈페이지가 1년 계약 만료라고 해서 다시 1년 계약했어요. 홈페이지에 들어가서 당신의 흔적들을 보니 당신이 더욱 생각나는 하루였네요.

당신 면허증 갱신도 (적성검사) 작년에 했어야 했는데 벌금 내고 당신이 나와서 해도 된다고 합니다.

이제 오늘이 8월 마지막 날이고 내일이면 9월 1일, 당신 조금만 더 잘 견디셔요. 밖에 있는 내가 너무 미안해서 아팠던 많은 시간들, 영원히 멈추어 있을 것만 같았던 시간도 이제 얼마 남지 않았어요. 밖에 사정이 당신과 나에게는 또 다른 아픔과 슬픔의 시간을 요구하고 있지만 나는 당신을 믿고 나를 믿어요. 우리가 지금처럼 앞으로의 시간도 지혜롭게 잘 헤쳐 나가리라 믿어요. 우리에겐 하나님이 계시기에 이 모든 과정을 통하여 마지막 승리자가 될 수 있도록 모든 일을 합력하여 선을 이루어주실 줄 믿습니다.

그 무엇보다 이 세상 그 무엇보다 당신과 내 가족이 소중하고 이 가정을 지키기 위해서 기도로 행동으로 목숨 걸고 살아갈 거예요. 이번 일을 통하여 나는 당신과 가족을 얻었습니다. 이 세상에서 이보다 더 소중한 것은 없습니다. 여보, 밤이 깊어 새벽에 되었네요. 8월에 이 글을 쓰기 시작했는데 9월 새벽이 되었어요. 눈이 자꾸

감기네요. 오늘은 이만 쓰고 또 쓸 거예요.

2015. 9. 1 새벽에 당신의 아내 올림

16

사랑하는 당신 보세요.

아침저녁으로 날씨가 많이 쌀쌀해졌어요. 이불 따뜻하게 잘 덮고 주무세요. 어제 ○○이는 기숙사로 들어갔어요. 오는 길에 엄마 모시고 왔어요. 너무 갑갑해하셔서 당분간 계시는 걸로 하고 모시고 왔어요. 지난번 애들이랑 처음으로 당신 만난 날, 아빠를 만나기 전에는 너무 걱정을 많이 했는데 당신 얼굴을 보고나서는 한결 마음이 나아진 것 같아요. 이제 애들도 다 컸어요. 돌아오는 길에 ○○는 눈물을 흘리는데 ○○이는 아빠 얼굴이 많이 수척해보이신다며 얼마 남지 않았는데 건강하게 잘 계시다가 얼른 기쁘게 만나고 싶다고 하더라고요.

여보! 조금만 더 힘내세요.

그동안 고생만 하고 일만 하며 살아온 당신, 이제 일은 쉬엄쉬엄 하고 몸 생각하고 가족들하고 시간 많이 보내면서 그렇게 살아요.

올해는 밤이 벌써 떨어지고 있어요. 어제 아침에도 몇 개 주워왔는데 다른 해보다 빠른 것 같아요. 당신의 손끝이 구석구석 안 간 곳이 없고, 당신 발길이 머물지 않은 곳이 없고……. 하나님을 믿고 바라보지 않았다면 당신을 지키고자 하는 마음, 사랑하는 마음이 없었다면 견뎌내지 못했을 지난 1년이 넘는 시간, 수많은 낮과 밤이 지나고 이제 얼마 남지 않은 시간, 더욱 마음을 가다듬고 당신늘 했던 말끝이 중요하니까 당신이 겪은 이 고통 우리 가족 모두가 겪은 이 아픔이 헛되지 않도록 남은 시간도 지금처럼 잘 견뎌요. 그래서 진정한 승리자가 되어요. 하나님은 당신과 우리 가족 편이라는 것을, 시시때때로 돕고 함께하심을 지난 1년 동안 너무도 많이 경험했기에 앞으로의 삶은 기대가 돼요.

당신과 나, 우리 아이들 지금까지 희생하고 헌신했던 모든 삶들 하나님이 꼭 갚아주실 거예요. 우리 가족이 하나님께 영광 돌려 천국을 보여주는 중보자로서의 가정으로 거듭나길 간절히 원하면서…… 여보, 사랑해요.

2015. 8. 28 새벽 3시 45분, 내 목숨보다 더 당신을 사랑하는 아내 올림

자녀로부터 온 편지

/

01

아빠에게.

아빠, 저는 ○○이에요

아빠 힘내세요, 보고 싶어요.

아빠 사랑해요, 건강하세요.

기도할게요.

하나님, 우리 아빠 도와주세요.

지켜주세요. 고쳐주세요.

우리 가족이 예수님만 섬기는

가족이 되게 하소서.

예수님 이름으로 기도 드립니다 아멘.

아빠, 오늘 영화 보러 갔어요.

○○이랑 ○○ 선생님이랑 같이 갔어요.

재미있었어요. 나중에 아빠랑

그리고 우리 가족 같이 영화 보러 가요.

할머니가 아빠 보고 싶어 해요.

2014. 8. 15 광복절

02

아빠.

아프지 마세요.

○○이가 기도할게요.

어젯밤에 기도원 왔어요.

아빠 기도할게요.

씩씩하게 사랑해요.

우리 가족을 사랑해요.

우리 가족을 사랑해요.

행복하게 살았어요.

아빠 사랑해요.

걱정 마세요.

좋은 일 있었어요.

엄마 아빠 언니 오빠 할머니 우리 가족 사랑해요.

○○○집 더 걱정 마세요.

잘 있어요, 아빠. 건강하세요.

2014. 9. 20 ○○ 올림

03

보고 싶은 아빠에게.

아빠, 눈물부터 나네요. 아빠 너무 보고 싶어요. 건강도 안 좋으시고 마음도 아프신 우리 아빠가 거기에 왜 계시는지 차라리 내가 거기 있었으면 좋겠는데 아빠 마음이 너무 아파요. 아빠가 거기 계시다는 소식 듣고 가슴이 찢어질 거 같았고 너무 울었었고 마음이 너무 아파 미치는 줄 알았어요. 아빠 너무 보고 싶어요. 아빠 거기 괜찮아요? 아빠 얼른 나오셨으면 좋겠어요. 아빠.

"볼지어다 내가 세상 끝날까지 너희와 항상 함께 있으리라" (마 28:20).

하나님! 우리 아빠 세상 끝날까지 항상 함께하여 주시고 지켜주시옵소서. 우리 아빠가 주님 만나고 천국 갈 수 있도록 주님 도와주시옵소서. 늘 함께하시는 주님을 붙잡고 담대하게 나아가는 우리 아빠가 되게 하여 주시옵소서. 우리 아빠 마음 주님만이 아시오니 주님 우리 아빠 마음을 만져주시고 주님의 사랑으로 가득 채워주셔서 치유하여 주시옵소서. 예수님! 아빠가 너무 보고 싶습니다. 우리 아빠 보게 하여 주세요. 나오게 해주세요. 예수님! 우리 아빠 꼭 주님 만나게 해주시고 주님의 생각과 주님의 뜻 가운데 임하게 하여 주시옵소서. 우리 아빠 생각을 주님께서 주관하여 주시고 오직 주 예수 그리스도만 믿고 바라보는 우리 아빠가 될 수 있도록 도와주시옵소서. 불쌍히 여겨주시옵소서. 우리 가족 천국 가서 만날 수 있도록 주님 인도하여 주시옵소서. 예수님 이름으로 기도드립니다.

아빠, 이 못난 딸 용서해주시고, 주님 만나고 우리 천국 가서 만났으면 좋겠어요. 이 세상 가운데 살아갈 때 주님만 믿고 의지하고 바라보는 우리 가족이 됐으면 좋겠어요. 아빠! 주님께 회개하지 않고 내 자신 모든 것을 내려놓지 않는 한 우리 절대 회복할 수 없어요. 아빠! 세상 사람들이 아빠를 또 우리를 조롱하고 괴롭혀도 그래도 주님만 바라봐요. 아빠 사랑해요. 아빠 많이 사랑합니다. 보고 싶어요. 아빠 하루하루 편지 쓸게요. 아빠 사랑해.

2014. 8. 15 아빠를 많이 사랑하는 딸 올림

04

내일이 3월 23일, 음력으로 아빠 생신을 맞이하여 편지를 쓰고자 합니다. 가장 멋지고 존경하는 우리 아빠, 나는 우리 아빠 딸이라서 감사하고 감사해요.

아빠, 비록 지금 제가 많이 부족하지만 아빠처럼 강해지고 힘 있게 살아갈 거예요. 저번에 아빠한테 전화 왔었을 때 받지 말까(모르는 번호여서) 하다가 받아야 할 것 같아서 받았는데 "아빠다"라고 아빠 목소리 듣는 순간 정말 울컥할 수밖에 없었어요. 이렇게 아빠 목소리가 소중하다는 것을 깨달았어요.

아빠, 하루빨리 나오셨으면 좋겠어요. 저희 집 잘 지키고 있어요.

제가 큰딸로서 잘 지키고 있어야 하는데 엄마가 밭일 하시랴 블루베리 물 주시랴 풀 뽑으시랴 고생하는데 저는 도와드리지 못했어요. 저 참 못됐죠? 아침에 그렇게 일찍 일어나기 힘들어요. (중략)

아빠, 우리 가족 잘 있으니까 아빠 꼭 건강 지키셔야 해요. 그래서 하루빨리 우리 가족 만나서 건강하고 주님 안에서 행복하게 살아가요.

마지막으로 정말 많이 사랑하는 우리 아빠, 나를 많이 사랑하는 우리 아빠, 진심으로 생신을 축하드립니다. 비록 지금 함께하지 못하지만 마음은 늘 아빠를 기억하고 있습니다. 아빠, 하루빨리 나오시길 바라며 여기까지 편지 쓸게요.

아빠, 파이팅! 우리 가족 파이팅! 주님 안에서 승리!!

05

아버지 잘 지내고 계세요? 저 ○○이에요.

몸은 어떠세요? 이렇게 편지를 쓰는 건 처음이네요. 자주 써야 했는데 죄송해요.

아버지 소식은 엄마를 통해 중간중간 듣고 있어요. 고생 많으시죠? 힘내세요. 그리고 엄마나 아버지가 많이 힘드신데 도움 못 드려 죄송해요. 도와드리고 싶은 마음은 큰데 막상 제가 할 수 있는 게 별로 없네요. 뭘 해야 할지도 잘 모르겠고요. 자주는 아니지만 그래도 양평에는 전보다 자주 내려와 얼굴 비추는 것밖엔 할 수 있는 게 없어요.

참! 이번 명절은 할머니도 찾아가 뵙고 큰아버지랑 잘 지냈어요. 항상 아버지도 계셨는데……. 이번 명절에 아버지의 빈자리가 참 크게 느껴졌어요. 하루빨리 몸 건강히 나오셔서 다음엔 다 같이 즐거운 명절을 같이 보내도록 해요. 저는 잘 지내고 있으니까 혹이라도 걱정하고 계셨다면 걱정 안 하셔도 돼요. 그곳이 편하지만은 않겠지만 그래도 그 안에서 건강 챙기시고요. 엄마 말로는 많이 야위셨다는데……. 걱정이 많이 되기도 하고 마음도 많이 아프네요. 몸도 안 좋으신데…….

힘드셔도 밥 잘 드시고요. 운동도 하시고요. 나오시면 어두운 얼굴이 아닌 웃는 얼굴로 뵈었으면 좋겠어요. 저도 이곳에서 아버지의 아들이라는 이름에 부끄럽지 않게 많이 노력하고 있을게요. 그러니 저희 모두 힘내고 이번 일들 잘 견디고 잘 마무리해서 이제는 남부럽지 않게 행복하게 잘 살아봐요!

건강 잘 챙기시고요. 나중에 또 편지를 쓰든 찾아뵙도록 할게요. 그때까지 꼭! 건강하세요!

06

아버지 잘 지내고 계시죠? 저 또한 잘 지내고 있어요. 벌써 날씨가 더워지고 있어요. 다시 서늘해질 때 즈음이면 아버지를 볼 수 있겠죠? 하루빨리 그런 날이 왔으면 좋겠어요. 몸은 어떠세요? 많이 힘드시겠지만 몸조리도 항상 잊지 마시고 잘 챙기셨으면 좋겠어요. 그래야 우리 가족들 오래오래 함께 지내죠! 곧 있으면 생신이신데 함께하지 못해 죄송해요. 대신 내년엔 저희 모두 함께 두 배로 행복하고 즐겁게 보내도록 해요.

참! 저 연극동아리 들어가서 5월 15일에 공연해요. 드라마 치료를 목적으로 하는 연극동아리인데 재미있고 할만 해요. 요즘은 중간고사가 끝나고 과제와 공연 준비를 하며 지내고 있는데 정신이 없어요. 그래서 양평도 자주 내려오고 싶은데 그러지 못하고 있어 아쉽고 엄마, 누나한테 죄송한 점이 많아요. 그래도 저희 모두 잘 지내고 있으니 걱정 마세요! 아버지도 그러니 그곳에서 몸조리 잘 하시고 우리 모두 건강한 모습으로 봐요! 꼭! 그럼 저는 다음에 다시 연락드릴게요. 아버지 생신 축하드리고 꼭 건강한 모습으로 우리 모두 웃으며 다시 뵙도록 해요!

나를 기억해준 사람들

/

01

존경하는 이사장님,

저는 ○○○에서 이십 년을 근무하면서 정말 볼 것 못 볼 것 다 봐왔습니다.

경찰서에 가서 조사도 받고 검찰조사도 두 번씩이나 받았습니다.

여러 가지 일을 겪으면서 제 개인적으로는 저만의 소신이 더 생겼습니다.

첫 번째로는 아무도 믿지 말자, 정은 주는 것에 만족하자, 일을 하면서 대가를 바라지 말자, 난 급여 받는 직원으로서 최선을 다하자입니다. 그러나 주인을 섬길 때는 100퍼센트 올인입니다. 예전에도 그랬지만 지금도 변함없는 소신입니다.

이사장님!

지금 많이 속상하시고 때론 서글프실 수 있습니다. 그래도 꿋꿋하셔야 합니다. (중략)

그리고 앞으로는 저희 세 사람한테 모든 짐을 맡기시고 야단도

대표로 우리 세 사람한테만 해주세요. 그래서 이사장님께서는 직원들한테도 이사장님으로서 권위적인 모습으로 남았으면 좋겠어요. 저희가 대신 악역을 맡겠습니다.

이사장님, 원장님.

힘드셔도 재단의 가족을 위해 힘내주세요. 원장님이 그동안 애써주신 것은 주님이 아십니다. 부족한 저도 알 수 있고 느낄 수 있습니다.

이사장님, 원장님의 거칠어진 손과 아픈 어깨, 육신의 모든 고통 속에 핀 ○○재단입니다. 오늘도 주님 주신 평안과 믿음으로 평안하세요. 주님이 함께하실 것입니다.

02

사랑하는 목사님!

세월이 살같이 빠르게 지나는 것을 보면서 나이 먹는다는 생각이 들면서 솔로몬의 고백처럼 모든 것이 헛되고 헛되다는 그 말의 뜻을 조금은 알 것 같습니다.

한국에 와서 목사님을 만나는 것이 기다려졌고 참 위안과 기쁨이 됐습니다. 조금만 내가 늦게 나왔다면 올해는 어쩜 만날 수 있지 않았을까 하는 아쉬움에 대신 글로 저의 마음을 전하고 출국하려 합니다.

고생 많이 하셨습니다. 애 많이 쓰셨습니다. 하나님의 특별하신 인도하심과 은혜가 있기를 소망합니다.

감당하시므로 넘어가야 할 일이 많을 것인데 사람의 힘으로는 어렵고 힘든 일이겠지만 하나님의 도우심을 구합니다.

영육의 강건함과 주님의 십자가 사랑의 공로로 목사님의 삶의 여정에 주님의 간섭하심과 인도하심이 늘 같이하시길 간절히 기도합니다.

목사님! 앞으로도 전보다 더 강건한 모습으로 늘 곁에 있어 주세요!

힘이 되어드리지 못해 죄송한 마음입니다.

자녀들과 목사님, 사모님의 평안을 소망하며 사랑합니다!

p.s 내년에 뵙겠습니다.

2015. 9. 29 최○○ 선교사 드림

03

원장님,

많이 추워졌어요. 참 하루가 미친 듯이 돌아갑니다. 제가 감수해야 한다고 생각하면서도 한 번씩 가슴속으로 치밀어 오르네요.

잘 계실 턱이 없음에도 그저 제가 드릴 수 있는 말은 잘 계시냐는 흔한 안부 인사뿐입니다.

서러움에 눈물이 나오고 한치 앞을 알 수 없어 눈물이 나오고…….

11월 3일이 가까이 옵니다. 아무리 둘러봐도 부정적인 소리밖에 없는 슬픈 현실에 저 또한 의지하고 싶고 묻고 싶지만 물을 수가 없네요.

사모님께서 하루하루 버티는 모습을 지켜보는 것만으로도 힘이 든데 그분께 이런 제 염려까지 드린다는 게……. 그래도 하루하루가 불안하고 까닭모를 두려움에 기도를 하게 됩니다. 주님이 계시면, 주님이 제발 지켜주시기를…….

사람이란 동물이 얼마나 나약한지 바닥으로 떨어져보면 그때서야 신의 존재를 깨닫게 되네요. 부디 다시 날기 위한 솔개의 벗어버림을……. 나무가 열매를 맺기 위해서는 그 꽃을 버려야 하고, 강이 바다로 나아가기 위해서는 강물을 버려야 함을, 저 역시 새로 태어나기 위한 주님이 가르쳐주는 길이라 믿고 싶지만 어느 순간 일 분도 못 가 그 나약함에 주저앉게 되네요. 건강하시고 강건하시길 빌고 또 빌어봅니다.

제가 감히 이런 약속을 드릴 수 있는 깜냥이나 될지 모르겠지만 제게 주신 사랑 이상으로 ○○, ○○이 잘 지키겠습니다.

부디 다시 뵐 때까지 강건하시길…….

2014. 10. 30

04

순간순간 막히고 두렵고, 모든 걸 판단하고 결정한다는 것이 이토록 외롭고 고통스러울 줄 몰랐습니다.

편안하신지요?

하루에도 수십 번 제 가슴을 치며 죽이고 싶고 용서할 수 없고 그런 사람 하나 볼 수 있는 눈을 갖지 못한 저 자신의 멍청함을 한

탄하지만 방법이 없습니다.

주변에 있는 저도 이럴 진대 당사자인 원장님은 더하시겠지요. 이메일을 어차피 읽을 수도 없다는 것 알면서 씁니다. 어디에 하소연조차 할 수가 없는 답답함에 또 하루가 시작되고 또 하루가 갑니다. 따뜻한 방구석에 누워 있는 것도 죄스럽고 갑자기 추워졌다고 패딩 점퍼 꺼내 입다가도 죄스럽고 밥 한 끼 굶었다고 일하다가 짜증이 올라올 때도 그렇고, 제 한 몸 이리도 끔찍이 아끼는 모습을 보고 있노라면 차가운 그곳에 외로움, 분노, 슬픔, 두려움, 안타까움, 걱정 등 수만 가지의 고통으로 잠을 이루지 못할 원장님 생각에 울컥하게 됩니다.

배운 대로 하겠습니다. 하나씩 하나씩 잘 풀어서 진실을 꼭 밝히겠습니다. (중략)

부디 평안하시고 꼭 건강하십시오. 원장님 오실 때까지 단 한 방울의 눈물을 흘리지 않으려고 다짐 또 다짐합니다.

2014. 10. 25

05

원장님, ○○○집 김장했어요.

그리고 중증가족들 전체 모시고 용문야영장으로 소풍도 다녀왔습니다.

낙엽이 지는 모양을 보니 원장님 생각에 웃어도 눈물이 납니다.

배추 후원 받으러 돌아다니고 후원 받으러 여기저기 자료 보내드

렸는데, 원장님 오실 때는 돈 한 푼 한 푼이 아쉽고 귀했는데 나랏돈 그냥 받으면 죄짓는 기분이었는데 지금은 생계비며 운영비며 품의서 올라오는 대로 결재하고 자유롭게 사용합니다.

한 푼 한 푼 아끼시려고 365일 출근하고 일하시던 원장님 생각이 나서 한참을 울었습니다.

그립습니다. 원장님.

부모 잃은 자식의 심정입니다. 자식이 이런 마음일까요?

차가운 곳에서 하루에도 수십 번 살아오신 세월을 되뇌고 계실 원장님, 원장님께서 거둔 직원들을 용서하려고 수십 번 다짐을 하다가도 그릇이 작아 그만 용서가 아닌 저주를 퍼붓고 있는 저를 용서해주셔요. (중략)

하루에도 '잘 될 거야'라고 수십 번 자기 암시를 합니다. 심지어 그래야 하나님을 믿겠다는 말도 안 되는 협박도 해보고, 그래도 화가 나면 책도 보고 음악도 듣고 그래도 안 되면 욕 노트 하나 만들어서 실컷 욕설을 적어놓곤 합니다.

꼭 건강하시고 굳건하게 잘 지키시리라 믿고 있습니다.

꼭 강건하시고 강건하시기를.

2014. 11. 10

06

안녕하세요.

이사장님 생신을 축하드려요. ○○○집 가족 모두 축하드립니다.

"정다웠던 그 눈빛 지금은 어딜 갔나 아픈 가슴 달래며 찾아 헤매는 가을비 우산 속에 이슬 맺힌다."

지금은 허하고 슬프고 속상하고 많은 감정이 교차하시겠지만 먼 훗날 이 모든 것도 추억으로 이야기할 때가 올 거예요.

○○재단 가족들에게는 이사장님의 피와 땀으로 행복한 거처와 일터를 마련해주셨습니다.

힘내세요. 늘 기도 드립니다. 평안히 쉬세요.

2014. 4. 22

07

너를 보내고 몹시 걱정하고 있었다. 병사로 가지 못하고 치료거실에 있다니 고생이 얼마나 극심하겠냐. 의무 과장님 면담해서 진단서 제출하고 병사로 보내달라고 해라. 몸도 성치 않은데 추운 데서 생활할 수 있겠느냐. 어떻게 하든 병사로 가서 얼마간이라도 따뜻하게 지내야지.

지금 몇 사 몇 방에 있는 거냐. 수원에 있다 온 ○○○이 친구가 치료사동 담당이라고 편지해주겠다고 한다.

변호사는 선임한 거냐. 빨리 변호사에게 보석을 신청해서 하루라도 빨리 그곳에서 나와야지.

척추가 재발하면 엄청 고생할 텐데 좀 서둘러서 일 좀 봐달라고 해라. 그리고 한시라도 서둘러 나와서 일을 봐야 할 것 아니냐. 네 집사람한테 많이 힘들다고 돈 아끼지 말고 일 보라고 해.

지금은 ○○이와 둘이 있는데 ○○이도 너에 대하여 굉장히 안타까워한다. 이렇게까지 고생하지 않아도 될 사람이 왜 저렇게 고생하고 있는지 모른다고.

내가 도울 수 있다면 어떻게든 돕고 싶은데 정말 안타깝구나. 밥도 잘 먹고 약도 잘 챙겨먹고 건강에 신경 많이 쓰고 변호사와 상의해서 빨리 집으로 돌아가기 바란다. 건강해라. 크리스마스 연말 잘 보내라.

2014. 12. 24

08

다소 포근한 날씨라고는 하지만 이곳에서 보내야 하는 우리들의 겨울은 그 어느 해보다 춥고 얼어붙은 동토의 계절이 아닌가 하네. 지금쯤 심리를 하고 다음 재판을 준비하고 있을 줄 알았는데 연기됐다면 좋은 결과를 만들기 위함이겠지. 지금쯤 변호사와 가족 연락을 받았으리라 생각하네. 지금은 비록 힘겨운 시련일지라도 하나님이 최 원장을 더 큰일에 중용하기 위한 시험이라 생각하며 잘 참고 버티어주기 바라네.

비록 영어의 몸이지만 최 원장이 살아온 행적과 선행이 재판기록에 기재되어 있기 때문에 재판부에서도 좋은 판결을 내리리라는 것을 확신하네.

병사로 전방했다니 참 다행한 일이군. 치료에 전념하고 방 사람들과도 사이좋게 지내며 어려운 사람들을 위해 작은 것이라도 베풀 수 있는 마음으로 생활한다면 주변도 편안해지고 무엇보다 최

원장이 마음의 평화를 얻을 수 있으리라 생각하네. (중략)

1월도 어느덧 말일이 다 돼가고 2월이 오면 추위도 자리를 다하고 봄소식이 오겠지.

성급한 개구리들은 경칩이 아직 멀었는데도 벌써 깨어나 짝짓기를 하고 알을 낳는다니 이제 봄은 바로 우리 곁으로 찾아올 것이라 생각하네.

나는 3월 12일 결심이 예상되어 있으나 확실하진 않네. 서로 좋은 결과로 하루빨리 사회에서 만나 옛이야기 하며 술 한 잔 나눌 수 있기를 기원하네.

건강하게.

2015. 1. 27

09

이사장님, 오랜 시간 찾아뵙지 못해 죄송합니다.

산다는 게 다 내 맘 같지 않고 사람을 쓴다는 것이 이 세상에서 제일 어렵다지 않습니까.

90년대에 아무도 생각지 못하는 어려운 사회복지를 열악한 가운데 시작하시고 모든 역경을 잘 견뎌 오셨잖아요. 그때 젊은 두 부부의 용기와 삶을 저는 기억합니다. 지금 이 어려움이 그때만 하겠습니까? 이 또한 더 나아가기 위한 시련이라고 마음을 다잡아 용기를 내셨으면 합니다.

살다보니 인생은 정말 새옹지마로 지금은 배신감과 고통뿐인 것 같지만 80평생 한 페이지에 지나지 않을 뿐 오늘의 아픔이 오히려 좋은 일을 가져와서 결국은 더 단단한 행복의 밑거름이 되더라고요.

제가 비록 이사장님 신변에 도움을 주지는 못했지만 마음으로는 늘 응원했고 변함없는 존경을 드리고 있습니다.

이사장님 그동안 힘들게 달려만 오셨잖아요. 시간은 어차피 흘러가고 마음먹기에 따라 지금이 재충전의 기회라고 생각하세요.

모쪼록 마음을 편히 가지시고 건강 챙기시고 즐거운 책도 읽고 잠시 쉬는 시간이라고, 마인드컨트롤로 이겨낼 수 있죠?

세상엔 악연도 있고 필연도 있고 수많은 인연이 있지만 악연까지도 결국은 좋은 미래를 위해 존재하는 거라고 옛말 하실 수 있기를 바랍니다. 오늘도 힘내세요. 우리 이사장님 파이팅!

2015. 4. 4

제5장

우리가 누군가를 사랑하게 될 때

♦

은혜재단은 《함께가요》 라는 소식지를 정기간행물로 발간하고 있습니다. 형편에 따라 계간으로, 반 연간으로 만들어지는데, 여기에 설립자인 지은이의 '감사의 글' 코너가 있습니다. 은혜 식구들, 자원봉사자, 후원자, 관련 행정공무원들에게 드리는 감사 인사와 당부, 축복의 글들입니다. 은혜재단의 발자취와 함께 설립자의 장애인 사랑과 헌신 일념을 알아보게 되는 일부의 글들을 모았습니다.

다시 모세를 생각한다

2000년 11월 하순에 우리 '은혜의 집'은 이사했습니다. 삼성리에서 10여 년을 지내다가 읍내 가까이에 대흥리로 옮긴 것입니다. 모든 과정과 상황들을 집약해 볼 때에 주님의 은혜임을 고백합니다.

정들었던 삼성리 건물들은 앞으로 청소년 수련장이나 자연학습장으로 활용할 예정입니다. 사계절 시시각각으로 아름답게 변화하는 생명의 자연 모습을 바라보면서 창조주 하나님의 사랑과 섭리를 깨닫게 되겠지요. 흐름에 순응하는 동식물의 모습을 통해 우리 인간도 하나님의 섭리에 순종하고 경외하는 일만이 가장 복된 길임을 알게 되리라 믿습니다.

그리고 살던 자리를 옮기면서 하나님께 쓰임 받는 일에 대해 생각합니다. 주님의 은혜와 사랑을 덧입으면서, 문득 모세의 말년을 떠올립니다.

온갖 고생과 고뇌로 살아온 그였지만 말년에는 각 지파를 축복한 다음에 느보산을 향해 떠나는 장면의 말씀입니다. 세상을 떠나기 전에 약속의 땅을 바라보는 것으로 만족해야 했던 그의 인간적 심경을 헤아려봅니다.

하나님의 일에 쓰임 받는다는 사실에 새삼 감사하고 순간순간마다 감격하게 해주는 교훈입니다. 피조물 된 인간이 참으로 짧은 생애를 누리며 주님의 일에 어떤 모양으로든 동참하는 일은 너무나 복된 일입니다. 하나님을 경외하고 공의를 행하며 이웃을 사랑하는 삶을 노력하는 일은 너무나 감사한 것입니다.

저희처럼 장애인 선교사역을 한다든가, 자원봉사 후원으로 참여하시는 분들, 또는 특수 선교나 문서 선교현장에서 애쓰시는 간사님들, 실무책임자 여러분들의 삶이 더욱 빛나시기를 기원합니다.

하나님의 일에 동역함으로, 이 험악한 세상에서 때묻지 아니하고 맑은 영혼을 유지하는 여러분들은 이미 빛나는 삶이지만, 하나님께 더욱 쓰임 받으심으로써 돋보이는 일생이 되시기를 축원 드립니다.

지속가능한 사회적 통합
장애인 생활화 이룩돼야!

국민의 정부 출범 이후 아직도 현 사회는 장애인에 대한 이해가 부족하고 문제점을 안고 있습니다. 장애인이라고 어떤 특혜를 바라는 것은 아닙니다. 서로가 부족한 것을 안아주고 함께 더불어 사는 사회 인식이 필요한 것 같습니다.

이 세계의 존재는(I-Thou Relationship) 나와 너와의 관계, 즉 문제해결의 다양한 욕구가 있습니다(Social welfare work). 지금까지 정부와 각 사회단체 기관 등을 통해 장애인에 대한 전반적인 발전은 많이 있었지만 아직도 해야 할 일과 개선점이 많다고 봅니다.

최근의 일입니다. 어느 한 지역에선 장애인이라고 하면 아예 근처나 주변에 얼씬대지도 말라는 일입니다. 한 마을뿐만 아니라 눈에 보이는 생활 속에서조차 장애인을 발견하는 것을 아주 싫어합니다. 정부와 각 부처의 과감한 사회적 통합 교육이 부족한 탓일까요. 국민의 정부 출범 이후 우리 사회에서 지금까지 국가적 큰 행사를 치러왔으며 또한 앞으로도 많은 일들이 있을 것입니다. 이러한 모든 것을 사회적 시각으로 바라볼 때 하루속히 우리는 장애인에 대한 일반적 적대감이 사라져야 한다고 봅니다. 모든 사람들을 장애인이라고 하는 것은, 누구나 예측할 수 없는 내일에서 발견됩니다.

또 하나의 얼마 전 일입니다. 어렵게 하루하루를 설계하고 열심히 사는 한 시설이 마을 주민과의 마찰을 이겨나가고 있었습니다. 이해와 더불어 함께 사는 과정 속에서 10여 년 동안 외지 인구유입이란 단서로 25여 명이 인간의 삶의 권리를 누리지 못하 고 거리에 버려져야 한다는 일입니다. 한순간 휴지 조각으로 변해버리는 삶을 느꼈습니다.

그들이 사회에 바라는 요구는 아무것도 없습니다. 함께 살 수 있다면 행복일 것이요, 하나님의 큰 축복일 것입니다.

더불어 함께할 수 있는 과감한 사회 통합적이고 생산적인 지속가능한 사회 복지 정책이란 아직도 먼 길을 걸어야 할 것 같습니다. 우리 모두가 함께 노력해야 할 과제입니다. 누구나 문제의 해결을 위해 실질적 사랑의 실천자가 필요합니다.

복지행정은 누구를 위한 것인가?

사회복지를 공공적, 사회적인 측면에서 이해할 경우 공공복지(Public-welfare)와 사회복지(Social-welfare)는 동의어로 사용될 때도 있으나 공공복지, 공공복리는 조세에 기초한 사회복지 또는 헌법 규정에 명시된 공공복리 등을 의미합니다.

현재 경기 양평군 양평읍 대흥리에 위치한 무의탁시설 은혜의 집은 경기도지사로부터 사회복지법인으로 인가를 받고도 건물준공 처리가 안 되어 생활과 운영 등 중증장애아들이 많은 어려움을 겪고 있습니다.

환경정책기본법 제22조에 적용된다는 이유는, 사회복지시설 중(장애인 노인 등을 위한 의료 요양 및 휴양시설과 같이) 외지 인구를 유입 유발하는 시설은 공공복리에 해당하지 않는다는 것입니다.

관내에 10여 년 살아오면서 외지인구 유발로 공공복리에 해당 무(無)라니 이 같은 지자체의 검토도 없이 장애라는 이유로 공공복리의 혜택에서 제외되고 멸시와 차별을 받는 것입니다.

일반사람들은 어떠한 방법으로든 분할하여 개인적으로 800평방미터가 초과하지 않는 범위에서 수단과 방법을 가리지 않고 강

옆 모텔 등 몇 수백 채를 짓습니다. 장애인은 더욱더 어려움에 빠지고 있습니다. 그렇다면 아예 환경정책기본법 제22조에 사회복지 시설이라는 내용이 삭제되어 있다면 그래도 덜 서러울 것입니다.

헌법 제34조(사회보장)에 "모든 인간은 인간다운 생활을 할 권리를 갖는다. 제5항에는 신체장애인 및 생활능력이 없는 국민은 법률이 정하는 바에 의하여 국가의 보호를 받는다"라고 헌법 제35조에도 권리와 의무가 정해져 있습니다.

은혜의 집은 사회복지 시설에 의해 시설을 갖추었으나 공공복리에 해당되지 않는다 하여 양평군으로부터 준공처리가 안 되어 홀로 외로움과 어려움을 겪고 있습니다.

특히 장애아시설은 주민의 반대에 부딪혀 가는 곳마다 살기 어려울 뿐만 아니라 국가 지자체에서도 장애인을 외면하는 안타까운 현실입니다. 이 난관들을 잘 헤쳐 나아가도록 기도해주시길 부탁드립니다.

푯대를 향하여!

인생은 덧없고 한없이 무상합니다. 그래서 다시 한 번 흘러간 인생을 돌이켜보게 됩니다. 때 묻은 옛 나를 돌이켜보며 굼벵이가 껍질을 벗고 매미가 되듯 우리 역시 이런 모습으로 새로워졌으면 합니다.

인생이 무엇일까요? 인생은 정말 깨끗한 걸까요? 어느 철학자는 시궁창이라 했으며, 성경은 또한 허물과 죄로 죽은 시체라 했습니다. 이제 우리는 새해를 맞으며 새 술은 새 부대에 넣어야 합니다. 거듭나야 하고 변해야 하고 심령의 혁명이 일어나야 합니다. 헌신적이고 새로운 결단을 세우고 하나님의 기준에 맞는 목표를 세워야 합니다.

오늘 이 시간은 다시 오지 않습니다. 새해 첫 주일과 업무, 하나님의 축복이 금년 여러분의 가정과 사업과 건강과 장래 위에 함께 하시기를 축복하며 기도드립니다.

새해가 되면 저마다의 기대와 소망을 가지면서 크게 복을 빌곤 합니다. 달이 가고 해가 저무는 것은 예나 오늘이나 일반입니다. 세월이 항상 덧없이 흐르고 있고 그렇게 한결 같은 흐름의 시간을 구획 지어서 어제까지는 낡은 해고 오늘부터는 새해라고 합니다.

새해라는 것은 새 달력을 벽에 걸었다고 새해가 아니요, 달이 정월이라고 해서 새해가 아니며, 인생의 목적과 새로운 의미와 가치가 다이내믹한 힘으로 내게 육박해오며, 그러한 정신적, 인격적 새로운 변화가 일어날 때 그 사람에게만 새 시간이, 새해가 비로소 있는 것이라 생각합니다.

"그런즉 누구든지 그리스도 안에 있으면 새로운 피조물이라. 이전 것은 지나갔으니 보라 새것이 되었도다"라고 성경은 이야기했습니다.

요즘 서점에 가 보면 책들 제목이 꼭 우리를 비추는 거울과도 같습니다. 키에르케고르의 《죽음에 이르는 병》, 폴 틸리히의 《흔들리는 터전》, 황순원 씨의 작품 《나무들 비탈에 서다》, 허근욱 여사가 쓴 《내가 설 땅은 어디냐?》, 어느 철학자가 세계 구석구석을 돌아보고 와서 쓴 《고민하는 세계》 등을 보면 알 수 있습니다.

이들이 우리의 세계를 말해주고 있고, 어떤 이는 오늘은 '잃어버린 시대'라고 어떤 이는 이 시대를 가리켜 '위기의 시대'라고 말합니다. 우리가 모르는 무엇인가를 잃고 무엇인가를 잊어버리고 사는 것입니다.

새해가 되면 누구나 새 출발을 하고 싶은 마음이 생깁니다. 내 마음을 상하게 하고 내 심령에 해를 끼치던 모든 것을 완전히 제거하고 새 마음을 가지고 옛날의 나를 버려야 합니다. 우리는 전적으로 부패한 인간성입니다. 그러므로 볼 품 없는 정욕에 속아 썩어져

가는 옛 인간성을 떠나야 합니다. 에베소 기자는 "너희는 썩어져 가는 구습을 좇는 옛 사람을 벗어버리라"고 말합니다. 미련 없이 옛 나를 벗어버려 에스겔서 18장 31절에 기록된 "너희는 범한 모든 죄악을 버리고 마음과 영을 새롭게 할지어다"라는 말씀을 기억해야 할 것입니다.

그러면 우리는 어떻게 변화되어야 할까요?

옛 나의 옷을 벗어야 하며 나의 누더기를 벗고 보기도 싫고 더럽고 냄새나는 요소를 없애야 합니다. 우리는 달콤한 세상의 사탕발림의 독에 쉽게 넘어갑니다. 그렇지 않기 위해서는 유혹의 욕심을 따라 썩어져가는 구습을 벗어버려야 합니다. 선지자 스가랴는 대제사장 여호수아가 더러운 옷을 입고 천사 앞에 섰을 때 여호와께서 그 천사에게 명하셔서 그 더러운 옷을 벗기고 아름다운 옷을 입히고 정한 관을 씌우는 것을 보았습니다. 누구나 늘 새로운 축복 받기를 원합니다.

소망이 새로워지기를 기대하고 있지만 먼저 우리는 하나님 앞에서 낡은 생각의 더러운 옷 등을 벗어버려야 합니다. 그리고 하나님이 기뻐하시는 새 옷을 입어야 합니다. 로마서 13장 12절에는 "우리가 어두움의 일을 벗고 빛의 갑옷을 입자"고 했습니다.

사람에게는 누구나 다 잘못이 있을 수 있습니다. 옛날 이스라엘의 임금 다윗이 범죄했을 때 선지자 나단의 충고로 용상에서 내려앉아 자기의 죄를 시인하고 눈물로 통회하고 계속하여 회개눈물을 흘렸습니다. 시편에 보면 그는 눈물로 양식을 삼았으며, 눈물로 침상을 적셔 썩기까지 회개했다고 합니다.

옛날 헤롯은 범죄했을 때 세례요한의 충고를 받았으나 회개는커녕 세례요한의 목을 베는 천추만대의 오점을 남겼습니다.

그러나 다윗을 보세요. 왕의 명령 한마디면 충고하는 나단 선지자의 목을 베어버릴 수 있었을 것입니다. 그러나 그는 왕의 용상에서 내려앉아 회개하였습니다. 이것이 하나님 마음을 감동시켰던 것입니다. 그는 변명하지 않았고 구실을 달지 않았고 진실했습니다. 과거를 청산하는 멋있는 임금이었습니다. 이런 분을 하나님은 귀하게 여기시는 것입니다.

하나님은 우리가 하나님을 닮기를 원하시는 것입니다. 사람은 잘못할 가능성이 있지만, 회개하는 것이 더욱 중요합니다.

사람에겐 앞을 내다보는 눈이 필요하고 사람이 뒷일만 생각하고 앞을 내다보지 못하면 곤란할 것입니다. 지난날의 실패, 지난날의 성공만 동경한다면 그 사람은 앞으로 나아가지 못할 것입니다.

우리에게는 환상이 필요한 것입니다. 그렇기에 멀고 피곤하며 지친 이스라엘이 광야에서 허덕일 때 모세와 여호수아에게 가나안의 비전을 보여주었지요. 노아는 분명히 하나님을 통해 120년 후에 다가올 슬픔과 기쁨을 보게 되었습니다. 그래서 그는 긴 세월을 참으며 홍수를 대비해 배를 만든 것입니다.

믿음의 주님, 푯대를 향해 달려가길 기원합니다.

우리가 누군가를 사랑하게 될 때

/

우리가 누군가를 사랑하게 되면 사랑하는 사람의 몸짓과 사랑하는 사람의 표정, 사랑하는 사람의 감정, 아마도 이 모든 것에 관심이 있을 것입니다.

어떻게 하면 사랑하는 사람을 기쁘고, 즐겁고, 행복하게 해줄까요?

우리는 사랑할 때 이런 아름다운 생각을 하게 됩니다. 이러한 모습과 생각들이 오늘 은혜의 집의 선생님들과 우리 가족들의 모습이 아닐까 생각해봅니다.

이곳에서 자신도 장애를 가지고 있으면서도 자기보다 더 불편한 가족들을 위해 손과 발이 되어주는 분들의 모습이 많은 교훈을 던져줍니다.

수고하는 선생님들의 사랑 가득한 손길을 접할 때는 참 사랑이 무엇인지 느끼게 됩니다.

저는 '하나님이 우리 가족들과 선생님들의 이런 모습을 보고 얼마나 기뻐하실까?' 하는 생각을 해봅니다. 우리는 하나님의 피조물로 하나님께 영광을 돌리는 삶을 살아야 됨을 알고 있습니다. 그러나 우리는 세상 속에 섞여 살면서 이러한 것들을 종종 잊고 지내는 모습을 많이 발견하게 됩니다. 그런 마음의 위안과 평안을 얻고 싶을 때 언제든지 은혜의 집으로 오시기 바랍니다.

은혜의 집 공동체는 여러분들에게 물질로 기쁨을 드리지는 못하지만, 서로를 의지하며 아름답게 살아가는 모습으로 여러분과 함께 더불어 나눌 수 있습니다. 부디 하나님의 은총이 충만하시기를 기원합니다.

사랑을 한없이 부어주시는 아름다운 분들께

어느덧 6월의 끝자락에 와 있네요. 어디든 항상 끝자락에 와 있음을 느끼게 될 때는 아쉬움이 많이 남고는 합니다.

새해를 힘차게 시작한 지도 얼마 되지 않은 것 같은데, 어느덧 반년의 시간이 우리들 곁을 지나고 있음에 새삼 놀라고는 합니다.

한 해의 반을 보내면서 그동안 은혜의 집에 아낌없는 사랑을 나눠주신 분들에게 은혜의 집 지원들이 한마음이 되어 글로나마 감사의 마음을 전합니다.

바쁜 일상의 생활 속에서도 많은 분들이 은혜의 집을 잊지 않으시고, 노력 봉사해주시고 때로는 물품으로 후원해주십니다. 또 저희 가족이 보고 싶으신 마음에 먼 곳에서 이곳까지 찾아오셔서 직접 몸으로 봉사해주신 많은 분들에게 감사의 마음을 이곳에 가득 담아 보냅니다.

박운식 님의 '쟁기'라는 시에는 무릇 인생은 쟁기질이라고 표현되어 있습니다.

"먼 곳을 보고 쟁기질을 해야지 / 이랑이 똑바른 거여 / 코앞만 보고 쟁기질하니 / 저렇게 꾸불꾸불하지."

이랑이 구불구불해진 것이 쟁기질한 자신의 탓이라고 이야기하고 있습니다.

항상 은혜의 집을 생각하며 기도해주시는 후원자님!!

저희가 이제 다시 새로운 반년을 시작하면서 장애인 가족들과 함께 새롭게 삶의 쟁기질을 시작하려고 합니다. 은혜의 집 생활의 이랑들이 꾸불꾸불하지 않고 저희가 먼 곳을 바라보며 쟁기질을 할 수 있도록 사랑하는 후원자님들이 길이 되어주시길 바랍니다.

'함께가요'라는 은혜의 집 구호처럼 늘 함께 손을 잡고 걸어가는 모습이기를 가족들과 함께 소망해봅니다.

후원자님들께 늘 감사!

지난겨울은 겨울이라고 하기에는 참으로 포근한 시간들이었습니다. 겨울이 이렇게 따뜻할 수 있다는 것을 몸과 마음으로 느낄 수 있었습니다.

사랑이란 정말 아무도 흉내 낼 수 없는 큰 힘을 지닌 듯합니다. 내가 사랑을 준 것만 같았는데 오히려 내가 무수히 많은 사랑을 받고 있었다는 사실을 은혜의 집 가족들을 통해서 깊이 감사하는 지난날들이었음을 고백합니다.

항상 저희 은혜의 집에 정성어린 관심과 힘을 더하여 주시는 후원자님들께 늘 감사드립니다.

나날이 각박해지는 세상 속에서 나누며 함께하는 삶을 몸소 실천하시는 후원자님들께 항상 행복한 일들만 가득하시길 이곳의 모든 가족들은 항상 기도합니다.

사람은 혼자 살 수 없는 존재입니다. 아무리 건강한 사람도 사랑을 받지 못하면 마음에 병이 들고 맙니다. 세상이 점점 삭막해지는 것도 사랑이 점점 식어져가고 있기 때문이 아닐까요!

저희 가족들이 비록 몸은 불편하고 아는 것은 많지 않으나 세상에서 볼 수 없는 따뜻한 사랑을 순수하게 전하는 분들입니다. 저희 은혜의 집이 한겨울에도 따뜻할 수 있었던 건 사랑하는 가족들이 있었기 때문입니다.

계산하지 않고 망설임 없는 그들의 순수한 사랑을 후원자님들께도 전하고 싶습니다. 마음과 마음으로 그들과 사랑을 나누는 후원자님들께 따스한 봄 햇살이 늘 비추어지길 바랍니다.

사랑, 그 쉽고도 어려운 이야기

/

인생이 우연한 사건의 연속은 아닙니다. 되돌아보면 지금까지 이끌어온 일정한 패턴을 발견할 수 있을 것이며, 날마다 우리들의 앞에는 여러 가지 다른 길들이 놓여 있고, 그중 하나의 길을 선택해야 할 것입니다. 하지만 선택의 몫은 다른 사람이 아닌 바로 우리 자신인 것입니다.

이 세상에는 서둘러서 좋은 일과 기다려서 좋은 일이 있습니다. 정작 기다려야 할 때 서두르고, 서둘러야 할 때 기다리다 후회하는 일이 많습니다. 특히 내 것을 남에게 주는 일은 항상 자신의 일에서 뒷전으로 미루게 됩니다.

우리들의 삶의 모습이 비 오듯 슬픈 날이 있고, 강한 바람이 세차게 부는 불안한 날도 있으며, 파도치듯 어려운 날도 있어 금방이라도 죽을 것 같은 생각이 들지만, 그래도 세상에는 견디지 못할 일도 없고 참지 못할 일도 없습니다.

'다른 사람들은 괜찮아 보이는데 나만 사는 게 이렇게 어려운가' 하지만 조금만 속내를 들여다보면 가슴 아프고 시린 사연 없는 집이 없고 가정마다 아픈 눈물 없는 집은 없습니다.

그렇지만 웃으며 사는 것은, 서로서로 힘이 되어주고 나눔의 존재이기 때문입니다.

한 번만 더 따뜻한 마음으로 손을 내밀 수 있는 용기만 있다면 그 모든 얼어버린 것들을 풀어버릴 수 있지 않을까요?

당신에게 행복이길 원합니다. 웃을 수 있고 믿음을 키우며, 소망을 가꾸어 서로 마주보며 살아가는 세상, 당신의 삶이 행복이길 원합니다.

세속의 기준으로 계산하지 않고 순수한 마음으로 은혜의 집을 사랑하시는 후원자님들에게 감사의 말씀을 드립니다.

'공동체 삶' 속에서 피어나는 사랑의 꽃을 피우기 위해 노력하는 은혜의 집은, 부족하지만 지역사회와 연계되어 질적인 삶을 향상시켜 나아가겠습니다.

나누었다 생각되면 그냥 웃어주세요

/

어느덧 파란 물빛으로 물들이던 계절이 지나 담장너머 풀빛 아름드리 봉우리에 붉고 노란 잎으로 덮어져만 갑니다. 벼 이삭이 익어 고개를 숙이듯 우리들의 모습들도 노랗게 익어 저희 은혜의 집에 나눠주신 사랑을 키워가며 마음의 배부름에 고개를 숙입니다.

가을이 깊어지면서 차가워진 가을바람에 절로 옷깃을 여미게 됩니다. 일교차가 큰 날씨에 모두 건강히 잘 지내시리라 생각됩니다.

벌써 한해가 저물어가고 있습니다. 따뜻한 봄날이 지나 뜨거운 여름 살을 태우고, 선선한 바람이 불어 들녘 벼들은 머리를 숙여 노랗게 빛을 발하는 요즈음, 우리는 지나온 길을 돌아보며 가을의 결실을 느낄 수 있습니다.

그동안 베풀어주신 모든 분들의 은혜를 생각하며 감사함에 온기를 느낍니다. 누군가를 아무런 조건 없이 돕는다는 건 쉽지만은 않은 일인 것 같습니다. 나누어 가졌다 생각되면 맑은 웃음으로 그냥 웃어주세요. 그 맑은 웃음으로 인하여 세상은 당신의 것입니다.

어느 책에서 읽은 구절을 함께 나누고 싶습니다. 끝날까지 행복하십시오!

"모든 괴로움은 어디서 오는가?
자기만 생각하는 이기심에서 온다.
모든 행복은 어디서 오는가?
남을 먼저 생각하는 이타심에서 온다."

유엔 세계 인권선언 제2조를 보면 아래와 같이 지구상에 살아가는 모든 인류에 대한 인권에 대해서 정확히 설명을 해주고 있습니다.

"모든 사람은 인종, 피부색, 성, 언어, 종교, 정치적 또는 그 밖의 견해, 민족적 또는 사회적 출신, 재산, 출생, 기타의 지위 등에 따른 어떠한 종류의 구별도 없이 모든 권리와 자유를 누릴 자격이 있다."

모든 사람은 하나님으로부터 소중한 생명을 부여받고 이 땅에 태어났지만 다른 인간들이 만들어 놓은 틀 속에서 억압, 차별, 제한, 제재, 통제를 받으면서 인간다운 삶을 살아가는 데 많은 어려움이 있습니다. 게다가 장애를 가지고 있다면 더욱 그러한 어려움은 커지는 게 우리나라는 물론 전 세계적인 현실입니다.

이러한 현실 속에서 우리나라도 장애인차별금지 및 권리구제 등에 관한 법률, 즉 장애인차별금지법(이하 장차법)이 시행되고 있습니다. 모든 장애우들이 기뻐해야 하고 축복해야 할 일입니다.

장차법의 시행은 장애우와 비장애우들 모두에게 하나의 도전입니다. 우리 사회의 인권지수를 한 단계 높일 수 있는 기회이며, 차별철폐의 첫걸음입니다. 장애우에게 동등한 사회참여와 활동을 자연스럽게 받아들여야 하는 우리 사회의 과제입니다. 장애우들에게는 자신의 권리를 찾고 주장할 수 있는 소중한 기회이기도 합니다.

아울러, 저희에게 변함없이 그러한 기회를 주고 계시며, 사랑과 관심으로 아껴주시는 후원자 및 봉사자 여러분에게 깊은 감사의 말씀을 드립니다.

하나님의 지극하신 사랑과 은혜가 넘치는 축복 속에서 장애우와 비장애우가 더불어 함께 살아가는 아름다운 세상을 꿈꾸는 은혜의 집, 지게의 집이 되고자 더욱 노력하겠습니다.

장애인의 일자리와 취업

은혜의 집이 창립 21주년을 맞았습니다. 긴 세월을 돌이켜보면, 무탁한 장애인 6~7명을 오로지 헌신과 사랑으로 돌보기 시작하며, 오늘날의 70명의 대가족이 되기까지 수많은 눈물과 아픔, 기쁨과 감격이 교차하는 세월이었습니다.

그 세월 속에서 은혜의 집과 지게의 집에 보내주신 따뜻한 사랑을 담은 마음과 넉넉함에 행복을 담은 손길을 베풀어주신 후원자, 봉사자 여러분께 진심으로 감사를 드립니다.

대중매체에서 가장 많이 전해지고 비춰지는 장애인의 취업 문제가 대중화되면서 장애인들의 취업 기회가 폭넓어졌습니다. 장애인들에게 꿈과 희망을 심어주며 열정이라는 마음을 가질 수 있고 스스로도 할 수 있다는 능력과 생각을 가질 수 있도록 합니다.

은혜재단의 순환보호작업장은 예비사회기업으로 선정되었습니다. 지역사회의 추진 과제로 다양한 일자리 제공으로 생활 안정 및 자립 도모를 추진하는 것에 발맞추어, 직업을 구하기 어려운 취약계층을 대상자로 하여 일자리를 제공하고, 최저임금 이상의 임금을 지급하는 데 목적이 있습니다. 올바른 방향으로 나아가도록 노력해가겠습니다.

후원자님들 주위에 마음이 아픈 사람이 있다면 기도해주세요.

사랑을 받지 못한 사람이 있다면 손을 내밀어서 베풀어주세요.

더불어 함께하는 따뜻한 마음이 늘 마음속에 있기를 바랍니다!

장애인의 진정한 '아킵'!

/

일 년 열두 달은 지나고 나면 아쉽기는 매한가지지만 2월은 유난히 빠르게 지나가는 것 같습니다. 다른 달에 비해 며칠이 모자란 탓도 있지만, 다가올 봄의 준비로 설레고 바쁘게 보내기 때문이 아닐까요? 시작은 언제나 설레는 법, 추운 겨울을 이겨내고 언 땅을 비집고 올라오는 새싹의 근성과 기상처럼, 힘찬 시작을 준비하는 마음으로 조금 짧은 한 달을 알차게 보내야겠습니다.

우리는 가끔 진정으로 소중한 것이 무엇인가를 잊고 살아가기도 합니다. 이웃이 내게 주는 긍정적인 기운에 대해 망각한 채 혼자만의 세계에 갇히기도 합니다.

언제나 잊지 말아야 할 것은 힘들 때 어깨 내주고, 기쁠 때 함께 행복을 나누어주는 이들이 있기에 살아갈 힘을 낼 수 있다는 것입니다.

고대 이집트인들은 진정한 친구를 '아킵(Akib)'이라고 불렀습니다. '내 가슴 가장 깊은 곳에 들어와도 되는 사람'이라는 뜻입니다. 아킵은 '친구' 외에도 '행운'을 의미할 만큼 친구를 소중히 여겼습니다. 오갈 데 없고 소외 받은 장애인들에게 관심과 사랑을 나누어

주시는 후원자 분들이야말로 우리 장애인의 진정한 '아킵' 이 아닐까 생각합니다.

새 정부의 공약에 기대가 됩니다. 더불어 국민들이 집과 교육, 일자리 걱정에서 벗어나 무너진 중산층을 70퍼센트 재건하는 데 초점을 맞춰 나아가겠다고 합니다. '생애 주기별 공약과 계층별 공약'을 기초로 장애인과 노인, 아동과 여성 등을 포함한 사회 소외 계층과 복지 사각지대를 위한 복지 공약, 또한 장애인 분야에서는 장애인권리보장법 제정과 장애등급제 개선을 약속했습니다.

현행 장애인복지법은 장애등급제와 의료적 기준에 의한 획일적 서비스 전달 체계 등으로 장애인의 요구와 필요가 제대로 반영되지 못하고 있다는 사항에 따른 공약입니다. 아울러 장애등급제 개선을 통해 자립생활 지원을 약속했으며, 법령 체계 재정비와 장애인권리보장법 제정을 실천 과제로 내세웠습니다. 또한 장애인연금의 급여 인상과 대상 확대도 실천 과제로 명시했습니다.

지난겨울의 시련을 슬기롭게 이겨낸 우리 자신을 대견해하며 기지개켜는 생명의 기운을 가득 머금은 풍요와 행복이 가득한 날들이 되었으면 좋겠습니다.

삶의 등불 되어주시는 봉사자님들

낮에는 하늘이 높더니마는 저녁엔 그 하늘이 내려와 처음에는 오렌지 빛으로, 그 다음엔 혈흔의 빛으로 물들고, 약간 차가워진 공기와 바람이 코를 건조하게 스칠 때, '아! 가을이 왔구나'하는 생각이 들었습니다.

어느덧 2009년도 얼마 남지 않은 시점에서 부족한 저희들에게 언제나 관심과 사랑을 아낌없이 주시는 봉사자님과 후원자님에게 지면을 통해 이렇게 가을 인사를 드립니다.

'천고마비(天高馬肥)'라는 사자성어처럼 가을하늘의 푸르름은 높디높고, 먹을 것이 풍성해지는 계절에 말과 소, 개나 닭들은 살이 쪄서 보기 참 좋은 그러한 풍경의 가을이기 소원합니다. 전 세계가 미국금융발 경제침체와 고유가시대의 도래, 신종 인플루엔자 바이러스 타격과 IMF 후유증까지 겪고 있는 우리나라의 서민경제는 참으로 감당하기 그지없습니다.

그러나 이러한 어려운 시기일수록 어려운 이웃들을 돌아보고, 그들과 콩 한 알이라도 나눠먹는 아름다운 미덕을 가진 우리나라이기에, 주위에 어려운 환경에 놓인 이들에게 '삶의 등불'이 되고

'삶의 희망'을 줄 수 있는 넉넉한 마음은 아직 우리 모두에게 있다고 생각이 듭니다.

은혜의 집, 지게의 집 가족들에게 '삶의 등불'이 되어주시고, '삶의 희망'을 나누어주시는 여러 봉사자님들과 후원자님들에게 존경의 마음과 감사의 마음을 담아 인사를 드립니다.

수많은 세월 저희들을 위해서 눈물과 땀으로 아껴주셨던 여러분들의 정성과 사랑을 떠올리며, 저희들의 부족함마저 뜨거운 사랑으로 메워주신 여러 봉사자님들과 후원자님들에게 다시 한 번 감사의 말씀을 드리며, 가정의 행복과 직장의 번영을 기원합니다!

오는 11월에 있을 '은혜의 집 자선바자회'에도 많은 애정과 관심을 부탁드립니다.

사회복지의 무한경쟁시대

/

10년이면 강산이 변한다고 했는데, 벌써 은혜의 집이 생긴 지, 강산이 두 번이나 변한 시점이 되었습니다. 기나긴 세월 동안 저희들과 기쁨과 슬픔을 함께 나누며 지속적인 사랑과 관심을 보내주시는 봉사자님들과 후원자님들께 감사의 말씀을 드립니다.

2010년 3월, 백령도 앞바다 천안함 침몰 사건으로 전사한 해군 46명의 전사자들과 애통해하는 유가족들의 모습, 3, 4월의 때아닌 눈서리로 인해 봄 농사를 망쳐 망연자실해 있는 농민들의 모습, 구제역으로 자식과 같이 키우던 소를 살처분시키는 축산 농민들의 눈물을 보면서, 다시는 이런 애통하고 비통한 일들이 일어나지 않기를 간절히 기도드립니다.

사회복지도 그동안 단계별로 시행되어온 교부세 지방이양, 장애인장기요양보험법 등등 전반적으로 어렵고 힘든 시점에 접어들었습니다.

이제는 사회복지도 무한경쟁시대에 돌입하고 있습니다. 사회복지시설에서는 클라이언트에게 양질의 서비스를 제공하여 타 시설과 차별화를 두어야 하며, 시설에 종사하고 있는 교사들도 능력 개발과 역량 강화를 하지 않으면 이 험난한 사회복지 무한경쟁시대에 낙오될 수 있다는 것입니다.

저희 은혜의 집, 지게의 집에 근무하고 계시는 사회복지사 분들은 시대의 흐름을 잘 파악하고 미리 계획하고, 준비하고, 실천하는 사회복지사 분들이시기를 소망합니다. 또한 그 안에서 잊지 않고 저희들을 사랑해주시는 봉사자님들, 후원자님들과 더불어 함께하는 은혜의 집, 지게의 집이기를 간절히 소망합니다.

지역사회와 함께

/

은혜의 집은 레이저 인쇄기를 도입하여 새로운 직업재활 사업을 시작하였습니다. 지게의 집은 그동안 어렵게 개인신고시설로 운영되어 왔는데, 2009년부터 드디어 제도권에 들어오게 되었습니다.

저희 가족들과 함께 생활하며 받았던 마음의 아픔들 모두, 따뜻한 봄볕에 말리며 긴 시간 동안 함께해주신 많은 사랑의 손길들을 생각하며 감사한 마음과 함께 그들의 손에 하나님의 사랑이 가득하시길 마음으로 빌어봅니다.

저희 은혜의 집과 지게의 집에서는 지역 어르신들을 모시고 어르신들을 위한 잔치를 열었습니다. 매년 지역에 계시는 어르신들을 모시고 식사 대접과 함께 신나는 공연을 펼쳐드렸었는데, 올해는 옛 향수에 젖어들게 하는 영화도 상영해드려서 더욱 뜻 깊은 지역 어르신 초청 잔치였습니다.

지역사회에서 비장애인과 장애인이 함께 더불어 살아간다는 것, 이 작은 실천 하나가 선진복지를 지향하고 있는 저희들의 마음입니다.

그 세월 속에서 은혜의 집과 지게의 집에 따스한 관심과 사랑을 아끼지 않으시고 베풀어주시고, 나누어주신 후원자 분들과 자원봉사자 분들에게 진심으로 감사의 말씀을 드립니다. 사회복지 서비스 제도의 정책이 그동안 많은 변화를 가져왔습니다. 과거의 어려운 정책들이 이젠 사회복지의 무한적인 경쟁의 시대에 돌입했고, 차별 없는 선진 대열에 진출했다고 생각합니다.

건축해오던 기숙사와 장애인생산품 매장이 2011년부터 빛을 발하여 기숙사는 직원들의 복리후생에 기여하고, 장애인생산품 매장은 장애인들의 직업재활 의지를 확고히 다지는 초석이 되기를 소망합니다.

새로운 시작

어느새 나뭇가지에 새순을 틔우는 꽃피는 계절 5월이 다가왔습니다.

가정의달을 맞이하여 은혜재단의 무의탁 장애인 가족들을 위해 따스한 관심과 사랑을 아낌없이 주신 후원자 분들께 우선 감사의 말씀을 드립니다.

2011년 4월 28일에는 공사장 카페와 직원공동기숙사 완공 기념 행사가 있었습니다. 김선교 군수님, 군·도의원 분들, 지역사회 주민 분들, 그리고 후원자 분들께서 궂은 날씨에도 불구하고 많이 참석해주셔서 무사히 기념행사를 마칠 수 있었습니다.

공사장 카페는 △ 양평군에서 장애인 생산품 판매시설 △ 장애인 직업재활과 일자리 창출 도모 △ 지역사회의 휴식처와 커피전문점으로서 차&음료 판매 △ 쾌적한 주차공간 제공 등의 봉사 사업을 펼치게 됩니다.

더불어 직원공동숙소는, 장거리 출퇴근 직원들의 고충처리 및 고유가시대에 가계의 부담절감 및 직원들 간의 친목도모, 복리후생 증진의 계기가 될 것입니다.

현재 사회복지 서비스 제도의 정책이 그동안 많은 변화를 거쳐 왔으며 사회복지의 무한경쟁시대에 돌입하였습니다. 이에 발맞추어 은혜재단은 입소자의 생활재활·사회재활·직업재활 및 의료지원, 특수학교 교육을 계획하고 있습니다. 장애인들이 웃으며 당당하게 사회와 함께 교류할 수 있도록 노력하고 실천해오고 있습니다.

늘 함께 한길을 걸어가시는 후원자님의 가정과 직장에 항상 평안과 건강이 넘치시기를 바랍니다. 감사합니다.

복지국가의 방향

무더운 여름이 지나고 가을이 되면 툇마루를 넘어 방안 깊숙이 찾아드는 가을볕과 알밤 터지는 소리, 풍요로운 황금들녘, 한해의 풍요로움이 가득합니다.

민족 고유의 명절인 추석에도 무연고 장애인 가족들은 집에서 보내지 못하는 경우가 대부분입니다. 혼자서는 추운 겨울도 가족이 등을 맞대면 따뜻해지듯, 혼자서는 외로운 시간도 가족끼리 눈을 맞추면 행복해지듯, 누군가 늘 곁에 있다는 든든함과 같은 곳을 본다는 일체감을 주는 이름, 가족이란 단어는 참 아름답습니다. 바로 봉사자 후원자 님들이 가족이라 생각됩니다.

최근 우리나라에서도 복지에 관한 논쟁이 뜨겁습니다. 보수와 진보의 이념적 지향에 따라 복지를 다르게 해석하고, 여야 정파에 따라 복지를 다르게 접근하고 있습니다. 이념과 정파에 따라 복지를 다르게 보고 해석하는 것은 당연한 일이며 이에 따른 논쟁도 거쳐야 할 관문입니다.

우리나라에서 이러한 논쟁이 전개되고 있는 것은 복지국가로 가는 길목에서 당연하고 바람직한 현상입니다. 복지국가를 실현하기 위해서는 공정한 경제, 좋은 일자리, 인간다운 노동, 보편적 사회 보장, 평등한 교육 기회, 돌봄의 사회화 및 공공성 확대, 공정한 재원 분담이 필요합니다.

대한민국 사회복지시설 10만여 곳, 은혜재단도 장애인들이 함께 웃으며 당당하게 사회와 함께 교류할 수 있도록 노력하고 실천해오고 있습니다.

늘 함께 뒤에서 한길을 걸어가시는 후원자님들이 계시기에 오늘의 은혜재단이 있을 수 있었다 생각됩니다. 감사합니다.

장애인의 날을 되새겨보며

4월 20일은 정부가 정한 장애인의 날입니다. 그래서 매년 4월이면, 너무 요란할 정도로 평소와는 다른 일상적이지 않은 일들과 풍경들이 펼쳐집니다.

관심도 갖지 않던 주요 TV프로그램에서 장애인 관련 프로그램을 연일 틀어주고, 폭력이나 사기 등 범죄가 아니면 다뤄지기 힘든 뉴스의 단골 주제로 장애인 관련 이슈가 방영됩니다. 정치인들은 어떻습니까? 1년 365일 밀어뒀던 헌신과 봉사 정신을 '기회는 이때다'라고 뽐내듯 장애인 시설과 보호 작업장 등을 방문해 눈물과 콧물을 짜내며 목욕봉사를 하거나, 청와대로 초청해 만찬을 베풀고, 큰 체육관 하나 빌려서 장애인 행사를 화려하게 진행하기도 합니다. 그만큼 평소에 장애인에 대한 관심이나 인식이 부족한 탓인 것입니다.

장애등급제는 한국과 일본에만 있는 것으로, 장애인을 장애가 중한 정도에 따라 등급을 매겨 분류하는 제도입니다.

장애등급제는 장애인의 등급에 따라 복지서비스를 결정하게 되는데, 각종 감면제도 역시 장애등급에 따라 감면 대상을 제한하거나 차등 적용하고 있기 때문에, 장애인으로서는 자신의 몸이 몇 등급이냐의 문제는 생존에 직결된 중대한 문제인 것입니다.

발달장애인과 같은 경우에는, 애초에 장애등급 구분이 의미가 없다는 것은 누구나 인정하는 사실입니다. 다양한 입장 차이로 갈라져 있는 장애계와 학계에서도 장애등급제가 폐지되어야 한다는 것에 대해서는 합의돼 있을 정도로, 장애등급제는 장애인 차별의식과 구시대적인 복지체계의 상징입니다. 장애인의 날이 장애인 차별 철폐의 날이기를 소망해봅니다.

장애인과 가족

/

장애에 대한 정의는 다양합니다. 장애를 협의의 개념으로 오로지 만성적인 의료적 상태 혹은 신체적, 정신적 상해만으로 보기도 하고, 만성적인 신체적, 정신적인 상태로 인한 기능적인 결과에 초점을 두기도 하고, 상이한 기능 능력을 가진 사람들에게 편의를 제공하지 않는 사회적, 물리적 환경의 사물로서 장애를 이해하기도 합니다.

가족구성원 중에 이러한 장애인이 있는 가족 유형을 장애인가족이라고 할 수 있는데, 장애인이 있는 가족은 장애를 경험하는 개인뿐만 아니라 가족 구성원 전체가 심리적, 정신적, 물리적 부담과 갈등을 경험할 수 있습니다.

가족에서 발생하는 갈등은 장애인의 적성과 능력 향상, 사회관계를 형성하는 데 있어 부정적인 영향을 줄 뿐 아니라 다른 가족들의 생활에도 타격을 주며 주위 시선과 냉대에 따른 어려움도 있어 이중고를 겪게 됩니다.

장애인 실태조사에 따르면, 가구원 중 장애인이 있는 가구는 전체 가구의 8.9퍼센트로 나타났는데 근래에 와서 우리 사회에서 후천적인 장애인 수가 급증하고 있다는 사실에 미루어봤을 때, 장애인 가족의 비율이 더 늘어났을 것으로 생각되어집니다. 하지만, 우리의 사회복지적인 대책은 이에 비해 미흡한 점이 많고 문제점 또한 많습니다.

장애인가족이 겪는 큰 어려움들은 아래와 같습니다.

경제적 문제 / 의료비, 교통비 등에 장애로 인한 추가비용 발생. 가장이나 주 수입원이 장애인인 경우 빈곤에 빠지기 쉬우며 실업률 또한 높습니다.

사회적 문제 / 장애인은 활동 능력이 제한된다는 점에서 사회적 상호작용의 감소로 인한 일자리와 사회적 지위 상실을 경험할 가능성이 높습니다. 중증 장애인은 특히 일상적인 사회생활이 비장애인보다 어렵기 때문에 사회적 유대관계에서 박탈감을 더 강하게 느낄 수 있으며 심지어 사회적 고립으로 이어질 수도 있습니다. 후천적인 장애인의 경우 장애가 발생되기 전의 사회적 관계의 단절, 과거에 대한 기억과 집착 등으로 인해 장애인에 대한 사회적 편견을 경험, 고독감이나 소외감은 더 클 수 있습니다.

심리적 문제 / 장애인은 신체적 손상과 기능상실로 인해서 부정적 자아개념 형성은 물론 우울증, 고립감 등을 경험할 수 있습니다.

이러한 장애인가족들에게 무엇이 필요할까요? 경제적 지원 대책(생계수당), 지원 정책 수립, 인식개선 등이 필요하겠으며 더불어 비장애인들의 인식 개선과 따뜻한 관심과 시선이 아닐까 싶습니다.

시설 내에 보호자 가족들을 위한 다양한 연계 프로그램과 동반외출, 온전한 가정 체험, 보호자 간담회, 명절 행사 등을 서비스하고 있습니다.

우리 가족들을 위해 애써주시는 봉사자님들 사랑에 힘입어 장애인 거주인들에게 보다 나은 서비스 제공을 위해 힘써야겠다고 다짐해봅니다.

사회복지사의 날에 외친다

/

매년 봄에 사회복지사의 날이 있습니다. 57만 사회복지사의 사기 진작과 국민적 인식의 제고를 목적으로 제정한 기념일입니다. 그런데 사회복지의 최일선이 무너지고 있습니다. 과도한 업무에 시달리던 사회복지사들이 유명을 달리하는 일들이 벌어지고 있는 것입니다.

사회복지 전담 공무원들의 과중한 업무는 상상을 초월합니다. 아동보육, 한부모지원, 노인, 장애인 등등에서 정부의 정책이 집행될 때마다 모든 업무가 이들에게로 집중됩니다. 이를 두고 소위 '깔때기 이론'이라고 합니다.

사회복지 정책은 점점 더 확대되는 데에 비해 이를 수행할 인원은 충원되지 못한 채, 늘어나는 모든 업무를 현재의 담당자들이 감당해야 한다는 것을 지칭하는 것입니다. 한 명의 사회복지 전담 공무원이 감당해야 할 대상자가 수백 명에 이르는 경우도 허다하다는 것입니다.

사회복지사들의 안타까운 희생은 이런 불합리한 시스템이 만들어내는 예고된 인재라고 할 수밖에는 없습니다. 사회복지사업법

제11조 제1항의 규정을 보면 사회복지사는 “사회복지에 관한 전문지식과 기술을 가진 자”로 규정하고 있습니다. 전시도 아닌데, 세상에 어떤 전문지식과 기술을 가진 자가 이렇게 많은 인원을 대책없이 무조건 감당해야만 할까요.

이렇다 보니 불만에 찬 대상자들이 거칠게 항의하는 불상사도 비일비재합니다. 사회복지 전담 공무원은 그야말로 죄인 아닌 죄인으로 고개를 숙여야 합니다. 과도한 업무에 더하여 견디기 힘든 심적 부담까지 겹쳐져서, 사회복지사가 오히려 사회복지의 대상이 되는 어처구니없는 일들이 벌어지고 있습니다.

어떤 이익단체의 처우 개선을 위한 발언이 아닙니다. 불가한 시스템으로 인한 모두의 피해를 막아야 한다는 것입니다. 다시 말해서 공생을 위한 최소한의 기본권적 보장의 외침이라는 것입니다. 누구의 희생만으로는 해결할 수 없는 불가한 일을 무조건 밀어붙이거나 방치해서는 결코 해결할 수 없습니다.

그렇다고 어떤 투쟁이나 과격한 발상도 버려야 합니다. 사회복지사들은 기본적으로 누군가를 돕는 일을 천직으로 하려는 의도에서 이 길로 들어선 사람들입니다. 이들이 선한 뜻을 아름답게 펼치며 자신의 보람과 함께, 국민의 행복을 창출하는 일에 기여하도록 만들어줘야 합니다.

교통량을 도저히 줄일 수 없는 병목현상의 도로는 그 길을 넓히는 것이 유일한 방법입니다. 이런 맥락에서 볼 때, 이미 지금의 시대에 사회복지의 수요를 줄일 수는 없습니다. 그렇다면 인력의 확

충과 제도적 정비를 시급히 마련해야 합니다. 긴급하다 하여 설익은 제도나 임기응변적 방법을 내놓아서도 안 될 것입니다. 제언컨대 이제는 복지 전담기구의 출범이 필요한 시점이 왔다고 봅니다.

인간의 삶은 결국 행복으로 귀결됩니다. 행복의 기준이야말로 천차만별이고 모호하겠지만, 분명한 것은 인간으로서의 존엄을 유지하기 위한 기본적인 복지만큼은 보장되어야 한다는 것입니다. 이것이 분명하다면 무엇보다도 우선하여 이 일에 관심을 가지고 해결책을 모색해야 합니다.

간절히 바라기는 다가올 사회복지사의 날에는 행복한 사회복지사들의 희망찬 발걸음으로 인해 복지 대상자들이 행복함은 물론, 국민 모두가 행복의 노래를 함께 부를 수 있기를 바랍니다.

편견을 버려야 할 때

정부는 1981년부터 4월 20일을 장애인의 날로 정하고 기념행사를 하고 있습니다. 이는 UN총회가 '장애인의 완전한 참여와 평등'을 주제로 '세계 장애인의 해'를 선포하고 세계 모든 국가에서 기념사업을 추진하도록 권장한 데에 따른 것으로 당시에는 보건사회부가 주최하고 한국장애인재활협회가 주관해 '장애인재활대회'라는 명칭으로 기념식을 개최했습니다.

1991년 정부는 장애인복지법, 장애인고용촉진법을 제·개정했는데, 장애인복지법에 "국가는 국민의 장애인에 대한 이해를 깊게 하고, 장애인의 재활 의욕을 고취하기 위하여 장애인의 날과 장애인 주간을 설정한다"고 명시함으로써 '장애인의 날'이 법정기념일이 되었습니다. 특히 1997년부터 '올해의 장애극복상'을 발굴·시상함으로써 장애인들에게 용기와 희망을 심어주고 있습니다.

이후로 장애인을 둘러싼 사회 환경은 급격히 변화해왔습니다. 장애 범주의 확대, 장애관련법을 비롯한 장애인고용촉진 및 직업재활법, 장애인 등에 대한 특수교육법, 장애인·노인·임산부 등의 편의증진 보장에 관한 법률, 장애인차별금지 및 권리구제 등에 관한 법률, 장애인 활동 지원에 관한 법률, 장애인연금법, 장애아동복지법 등이 장애인의 사회적·경제적·정치적 활동을 지원하고 있습니다.

장애인의 날을 기념하는 슬로건을 통해서도 변화된 장애인에 대한 인식을 엿볼 수 있는데, 역대 수상작을 보면 '편견'이라는 단어가 유독 많습니다. 2007년 당선작인 '편견 없는 마음을 차별 없는 세상을'을 시작으로 2010년 '편견, 부끄러움의 또 다른 이름입니다', 2011년 '편견은 차별을 낳습니다, 배려는 평등을 낳습니다', 그리고 최근의 당선작인 '우리의 편견으로부터 장애는 시작됩니다'가 편견을 이야기하고 있습니다.

그만큼 장애인을 바라보는 편견은 떼려야 뗄 수 없는 사회의 인식이라는 이야기입니다. 편견을 버리지 않고는 장애인에 대한 인식을 바꿀 수 없다는 뜻도 됩니다. 이밖에도 차이와 차별, 함께, 희망, 하나, 평등, 행복, 장벽, 손, 꿈, 사랑, 힘, 능력 등이 주요 용어로 등장하고 있습니다.

이렇듯 슬로건의 내용을 보면 대체로 주장을 강하게 어필하기보다는 권유나 권장의 의미를 많이 담고 있습니다. 장애인에 대한 인식을 일방적으로 또는 강제적으로 바꿀 수 없듯이 슬로건도 '우리 모두 함께 바꾸자'는 '같이'에 중점을 두고 있는 것입니다.

장애인의 패러다임도 재활에서 자립으로 이동하고 있습니다. 장애계에서는 '재활'이라는 용어는 더 이상 주류가 아닙니다. 그런데도 아직 장애인복지법 제14조는 장애인의 날을 "국민의 장애인에 대한 국민의 이해를 깊게 하고, 장애인의 재활의욕을 높이기 위해" 라고 규정하고 있습니다. 시대상황에 맞게 '재활의욕'보다는 '자립생활촉진' 등으로 규정을 고칠 필요성이 있습니다. 장애인의 날은 장애인에 대한 편견이 사라질 때 진정한 의미의 기념일이 될 것입니다.

장애인의 자립생활 현황

21세기 한국 장애인 복지의 화두는 단연 자립생활 패러다임입니다. 자립생활 패러다임은 장애인 복지에 있어서 새로운 패러다임의 변화로서, 국내 장애인복지 전반 및 전달체계의 변화이자 당사자 중심의 참여로의 전환이며 동시에 선진국을 포함하는 국제사회의 강한 추세를 대변하는 흐름입니다.

이는 공급자 중심에서 소비자 중심으로의 사회복지 이념의 발전과 장애인 복지관 및 거주 시설의 기초 재활 전달체계에서 지역사회 자립으로의 확장, 전문가 중심의 규범적 모형에서 장애 당사자 인권운동으로의 획기적인 전환을 의미하는 것입니다.

국내에 자립생활 패러다임이 1990년대 후반 민간 장애인 복지 영역에서 소개된 지 약 15년 정도가 흘렀고, 그동안 우리나라 장애인 복지정책은 많은 변화를 맞이하게 되었습니다.

예를 들면 장애인복지법 개정을 통한 자립생활의 법적 근거 마련, 활동지원제도 시행, 자립생활센터 확대 운영, 장애인연금 시행 등 장애인의 자립생활과 관련된 많은 변화가 있었습니다.

하지만 아직까지 국내 장애인 자립생활 제도는 많은 제한점을 지니고 있는 것 또한 사실입니다.

국내 장애인 자립생활 제도는 앞으로 갈 길이 멀다고 생각합니다. 그리고 무엇보다 근본적인 문제는 현행 국내 장애인 자립생활 제도는 진정한 의미의 장애인 자립생활을 지원하지 못하는 구조라는 점입니다.

즉, 진정한 의미에서 장애인의 자립생활은 자신의 삶에 대한 선택과 통제라는 측면에서 많은 부분 권한을 부여하지 못하고 있습니다.

앞으로 향후 장애인 자립생활 제도는 큰 틀에서 우선적으로 장애인의 선택과 통제권을 부여하는 방향으로 근본적인 전환이 필요할 것으로 보입니다.

장애인복지의 희망사항

현대사회는 국민의 생활수준이 향상되면서 우리의 생활이 풍성해지기는 했으나 산업재해, 교통사고의 급증과 환경파괴 등의 다양한 요인들로 인하여 장애인의 수가 급속하게 증가하고 있는 것이 우리의 현실입니다.

이처럼 장애인 복지의 수요가 커져가고 있는 상황에서 그 수요 증대에 대처해서 해결해야 할 과제의 하나가 장애인 복지정책을 확립하는 것이라 생각합니다.

우리의 경우 이에 대한 대책이 제대로 되어 있지 않기 때문에 앞으로 장애인 복지정책을 발전시켜 나가기 위해서는 이 문제들을 해결하는 것이 시급한 과제입니다. 장애인복지 발전의 장애요인 중 하나인, 장애인을 위해 봉사하는 사회복지사들의 처우 개선이 무엇보다 선행되어야 할 것입니다.

최근 한 기관의 문제로 복지부의 전국적인 전수조사로 인해 사회복지사들의 사기가 저하되고 제각각 사회복지의 가치가 무너지고 있으며, 운영자는 억울하게 수난을 당하고 있습니다. 진실의 복지 사각지대가 어디까지인지 의문이 크지 않을 수 없습니다.

진정한 장애인복지란 장애인이 장애 상태를 극복하고 자신의 능력을 개발하여 스스로 자립할 뿐만 아니라, 나아가 인간다운 생활을 영위하도록 하는 것입니다.

그러기 위해서는 첫째, 장애인의 복지향상을 위하여 최근 이슈화되고 있는 장애인 관련 문제인 탈시설화의 발전과 개선 방향, 둘째, 장애인고용 촉진, 셋째, 장애인 자립생활의 다양화, 넷째, 통합교육을 통한 인권 회복, 다섯째, 이동권 문제 등에 중점을 두고 고민해야 합니다. 무엇보다 장애인을 위한 복지사들의 희생과 헌신을 기초한 봉사정신이 우선되어야 할 것입니다. 이를 위해서 미력이나마 저희도 최선을 다하겠습니다.

외유내강의 자세로

초창기 은혜재단에서 지금의 은혜재단이 있기까지 많은 변화와 시간이 지났습니다. 진정 말할 수 없을 만큼 변화 발전했고, 많은 일들이 있었습니다.

1991년 출발하여 은혜의 집, 지게의 집, 순환보호작업장 3개 시설을 법인이란 제도권 안으로 도입하기까지 장애 차별과 편견, 오해 등 어려움의 크나큰 고통으로, 때로는 기쁨과 즐거움 등등 쉬지 않고 달려온 것 같습니다.

그러나 사회가 사람의 장애를 보는 것이 아니라 사람의 능력을 보고 믿음의 행함과 연결의 차이를 갖는다면 얼마나 좋을까 늘 아쉬움을 돌이켜봅니다.

고난이 있는 반면 웃음이 있고 슬픔이 있는 반면 행복이 있었습니다. 또한 은혜의 집에 이어서 여러 가지 어려움 가운데에서 지금은 지게의 집 가족들의 편안한 공간을 위해 신축 중에 있으며, 안전을 도모하며 바쁜 시간을 지나고 있습니다.

비록 지금도 많은 변화를 시도하며 앞으로 나아가기 위해 노력을 하고 있지만 이제는 겉은 부드러우며 속은 단단해지는 외유내강이라는 사자성어처럼 우리 자신을 되돌아보며 내실을 다지는 시간을 가져야 할 때라고 생각합니다.

그동안 쉼 없이 달려왔다면 이제는 한숨 돌리며 우리들의 결속을 다지며 기도를 해야 할 때라고 생각이 듭니다.

또한 지역사회 주민과 더욱더 함께 시간을 보내며 서로가 서로에게 힘이 되어주는 시간을 가졌으면 하는 바람입니다.

제6장

행복을 나누어 드립니다

♦

장애인복지 봉사 사역은 주체가 되는 봉사자 이외에 자원봉사자, 행정 부서, 후원자, 언론 등이 함께 이루는 공동복지 사업입니다. 그동안 많은 언론들에서 은혜의 집을 알리고 격려하며 지원했습니다. 몇몇 언론기사들을 되짚어보며 은혜의 집의 발자취를 담았습니다.

행복을 나누어 드립니다

'이 땅의 어린이라면 누구나 행복하고 바르게 살 권리가 있습니다.'

농민의 아들로 강원도 홍천에서 땅만 일구던 은혜의 집 원장 최재학 씨(33세, 지체장애)가 서울로 상경한 지는 지금으로부터 8년. 유난히 손재주가 많던 그가 자동차 부품 공장에서 인정받으며 열심히 일하던 어느 날, 누구의 잘못이라고 할 것도 없이 프레스 기계에 눈 깜짝하는 사이에 왼쪽 손목을 잃어버리는 고통을 받게 된다.

이러한 고통을 신앙의 힘으로 극복하고 자신이 소위 '지체장애인'이 되고 나서 "이 땅에 4백만의 장애인이 존재한다는 사실과 그들이 정치 · 사회 · 경제적으로 얼마나 낙후된 삶을 살고 있는가를 서서히 깨달았다"고 고백한다.

이와 함께 최 씨가 이웃과 함께하는 봉사의 구체적 방안을 고민하던 중 사회가 발전함에 따라 궤를 같이하는 장애아동 및 기아 발생을 가슴 아프게 생각하고 이들을 위한 터전을 마련할 것을 결심하기에 이른다.

이에 지난달 5월 경기도 양평군 용문면 삼성 2리에 주택 한 동과 창고 한 동을 인수, 내부를 일부 개조해 임시 숙소 및 교육관으로 활용하고 있다.

익명의 모교회 성도로부터 양평군 용문면에 3백여 평의 부지를 기증받았지만 삼성 2리 이장을 중심으로 한 주민들의 거센 반발과 함께 건축비 모금, 관계 당국의 행정 협조들이 절실히 요구되기 때문이다.

최 씨는 은혜의 집 운영을 후원회 조직을 강화하는 것으로 하여 '작은 관심으로 한 생명의 가슴을 뜨겁게, 바르게 인도할 수 있다면 그것은 새로운 탄생이다'라는 생각으로 사랑을 모으고 있다.

후원회 이름도 성서에 바탕을 두고 겨자씨 회원 및 밀알 회원, 사무엘 회원, 디모데 회원, 파이오니아 회원 등으로 하여 작게는 월 1천 원에서 봉사, 선교지 후원 등 다양한 사랑의 창구를 열고 기다리고 있다.

현재 은혜의 집에서 최 씨와 함께 생활하고 교육하는 아이들은 5명이다.

"농촌지역이 많이 발전했다고는 하지만 장애인관만큼은 뿌리 깊은 봉건성을 탈피하지 못하고 있다"고 최 씨는 말하며 지역조사 중 만난 이재순 군에 대해 말한다.

"이재순(9세) 군은 뇌성마비아로 정신지체까지 겸한 중증 장애아임에도 불구하고 농촌의 바쁜 일손은 미처 아이를 돌볼 겨를을 내주지 못했던지 하루 종일 어두운 구석방에서 방치되어 있었다"는 것이다.

최 원장은 원장이라는 말이 몹시 쑥스럽다고 말하며 올해 내에 예배실 및 생활관 건립, 내년엔 전문교육시설 단계적 구비, 1995년 체육관 및 아동병원 건립에 이르기까지 황당할 정도의 큰 계획 아래 오늘도 아이들 한 명 한 명에 대한 깊은 애정과 쉼 없는 재활의 가능성을 바라보며 전진을 거듭하고 있다.

1991년 6월 19일자 장애인 신문 보도 내용

은혜의 삶으로 참사랑 실천

삼성리 흑천변에 서울의 신망애재활원에서 봉사활동을 하던 부부가 '은혜의 집'이라는 재활의 터를 닦았다는 소식에 장애인의 날을 맞아 수소문하여 찾아본다.

"여섯 살 난 준영이는 팔이 저리도록 우유병을 빨려고 하고, 노현이는 정이 그리운지 연신 품을 헤집고 들어요."

몸이 불편한 남편 최재학 씨(34세)와 함께 '은혜의 집'을 꾸리는 박인숙 씨(33세)는 힘겨운 생활고를 잠시 잊은 듯 아이들을 바라보며 흐뭇한 표정을 지었다.

10년 전 불의의 사고로 후천성 장애를 갖게 되었던 최재학 씨. 그도 한동안은 재활원 생활을 하였으며 거기서 지금의 부인을 만나 가정을 이루게 되었다고 하는데 오히려 그는 "이러한 은혜로움을 계기로 많은 장애인을 만나게 되었고 그들과 함께 참사랑을 나눌 기회를 갖게 되었다"며 강인한 삶의 의지를 표하고 있었다.

어렵게 은혜의 집을 개원하였지만 이곳 생활은 개인의 힘으로는 감당하기 힘든 부분이 많았다고 한다. 하지만 외로운 은혜의 삶을 살아가려는 이들은 "지금은 역부족으로 아이들만 고생시키고 있어 미안한 마음이지만 내일에 희망을 걸고 하루하루를 보낸다"며 지칠 줄 모르는 의지를 보이고 있다.

서울살이 중 갑작스런 화재를 당해 친정인 삼성리에 내려와 창고를 개조하여 터전을 마련한 이들의 보금자리도 이젠 할머니와 두 자녀 그리고 11명의 장애인들로 대가족을 이루고 있으며 재활의 꿈을 키워나가고 있다.

하지만 이곳의 아이들은 대부분이 중복장애인들이다. 사고능력이 거의 없는 이들을 바라보는 최 씨 부부는 정상인들보다 관심이 필요한 이들이 전문적인 치료나 특수적인 교육의 혜택을 제대로 받지 못하고 있어 못내 안타까운 표정이며 행정기관이나 이웃의 따뜻한 사랑을 염원하고 있다.

그동안 이들 부부에게 가장 힘들고 외로움이었다면 주민들의 따가운 시선과 냉대였다고 한다. 전입마저 어려운 실정이며 장애인등록 수첩 또한 마련하지 못해 안타깝다는 박 씨는 "아이들의 병원 출입이 잦은 만큼 의료혜택을 받을 수 있도록 도와달라"며 이웃의 이해를 구하고 있다.

그러나 이들에게도 작은 꿈을 키울 수 있는 길을 열어준 사람이 있었다. 얼마 전 한 독지가가 복지관 건립을 위해 1천여 평의 부지를 기증한 것이다. "이제 은혜의 땅에 보금자리를 둘 터전이 마련되었기에 그동안 주민들의 냉대에 가슴 아팠던 모든 기억이 봄눈 녹듯 녹아내린다"며 부부는 손을 꼭 잡는다.

앞으로 이들의 사랑 나눔은 양평 지역 150여 명의 장애인과 함께하고자 한다고.

지난 20일 장애인의 날을 맞아 양평군민회관에서 '제1회 은혜의 집 찬양제'를 갖고 장애인과 더불어 사는 사랑의 자리를 마련하기도 하였다.

가끔씩 들러달라는 이들 부부의 목소리를 뒤로하며 은혜의 집을 나선다. 향긋한 봄꽃내음이 어느새 은혜의 집을 휘감는다.

1992년 4월 24일자 양평신문 보도 내용

우린 어디서 살아야 하나요

"이웃들이 장애아들을 외면하는 건 그렇다고 해도 면사무소에서 전입신고조차 받아주질 않으면 의지할 데 없는 이 아이들은 어디로 가란 말입니까."

버려진 지체장애아와 뇌성마비아 10명을 거둬들여 이들의 손과 발이 돼주고 있는 한 젊은 부부가 주민들의 냉대에 부딪혀 한숨을 내쉬고 있다.

재활원에서 장애인을 도와오던 최재학(崔在鶴, 33) 박인숙(朴仁淑, 32) 씨 부부는 1년 전 박 씨의 고향인 경기도 양평군 용문면 삼성2리에 '은혜의 집'을 차리고 오갈 데 없는 장애아들을 데려다 보살피기 시작했다. 그러자 동네 이장을 중심으로 일부 주민들이 반발하고 나섰고, '3차례나 마을회의를 소집' 투표를 통해 이들을 용납할 수 없다는 결정을 내렸다. 최 씨 부부의 집에 일절 발길을 끊은 주민들 사이에선 '장애아들 몸에 있는 나쁜 균이 동네 앞 개천을 오염시킨다', '전염될지 모르니 최 씨 집 물건에는 손대면 안 된다'는 터무니없는 소문도 떠돌기 시작했다.

이웃들을 설득하다 지친 최 씨 부부는 빨래는 개울가를 피해 집 안에서 하고 쓰레기도 차로 20~30분이나 걸리는 강상면의 쓰레기장에 버린다.

그러나 무엇보다 이들 부부에게 고통스러운 일은 아이들이 아파도 쉽사리 병원을 찾을 수 없는 현실이다. 전입신고가 되지 않아 의료보험 혜택을 받을 수가 없기 때문이다. 특히 뇌성마비 증상이 심한 준영이(6)와 일천이(16)는 한 달이 멀다하고 병원 신세를 져야 한다.

박 씨는 3차례나 이장을 찾아가 무릎을 꿇고 통사정을 했으나 "동네의 체면과 주민들의 건강을 위해 어쩔 수 없다"는 말만 들었다. 용문면사무소는 "최 씨 부부의 뜻은 알지만 주민들의 의사도 무시할 수 없지 않느냐"며 난처해하고 있다.

최 씨 부부가 은혜의 집을 차린 것은 작년 5월. 1987년 서울 신망애 재활원에서 장애인들을 돕다가 알게 돼 이듬해 결혼식을 올렸고 곧 아이 둘을 낳았다. 최 씨는 공장 일을 하다 프레스에 왼손을 잃어버린 지체장애인.

이들은 한동안 청주의 무공해 채소재배 농장에서 맞벌이를 하기도 했으나 근처의 몇몇 장애아들을 발견하고는 번듯한 시설에 수용되는 서울의 장애아들보다 버려진 시골의 장애아 문제가 더 심각함을 깨달았다. 가진 돈이 없었던 최 씨 부부는 짐을 꾸려 박 씨의 어머니가 홀로 사는 양평으로 향했다. "왜 남들처럼 편하게 살려 하지 않느냐"던 어머니 김순기(金順基, 63) 씨는 결국 딸의 고집을 꺾지 못하고 안채 옆 6평 남짓한 창고를 개조해 쓰도록 했다.

현재 서울에 있는 몇몇 교회의 도움을 받아 간판도 없는 '은혜의 집'을 근근이 꾸려가는 최 씨 부부는 1천여 평 농사일을 거들면서 끼니를 해결하고 있다.

"그래도 남몰래 격려해주는 이웃들도 있기 때문에 우리는 희망을 잃지 않습니다." 박 씨는 꼬깃꼬깃 접은 아이들의 전입신고서를 내보이며 "도장 찍기를 거부하는 우리 모두가 어쩌면 '정신적' 장애인일지 모른다"고 말했다.

1992년 5월 20일자 조선일보 보도 내용

함께 사는 모습 가르치는 것이 '참 교육'

경기도 양평군 용문면.

14명에 달하는 장애인들의 보금자리 '은혜의 집'의 주인 최재학(35), 박인숙(34) 씨 부부.

마을 주민들의 반대로 전입신고를 하지 못해 안타까움을 겪고 있었던 '은혜의 집' 이야기가 본지를 통해 보도(1992년 6월 5일자)되고 6개월이 흐른 지난 12월 23일, 서울방송의 '사랑의 징검다리' 녹화장에서 최 씨 부부를 다시 만났다.

은혜의 집에는 1991년 5월부터 14명의 정신지체 및 중증의 뇌성마비 아동들이 살고 있는데, 지역에 장애인시설이 들어서는 걸

꺼리고 있던 주민들이 '장애인들의 나쁜 균이 동네 물을 오염시킨다', '아이들 교육에 악영향을 끼친다'며 '은혜의 집' 식구들의 전입을 막고 마을 이웃임을 거부했었다. 이 문제가 여론화되자 주민들은 '증축하지 말 것'을 조건으로 이들의 전입신고를 허가(?)해 주었고 은혜의 집이 마을에 들어선 지 1년 반 만에 이들은 비로소 주거불명의 오명에서 벗어날 수 있었다.

최 씨 부부는 이날 '사랑의 징검다리' 특집방송인 주민반대로 인한 시설 이전문제에 대한 토론에 출연자로 참석, 장애인시설을 반대하는 사회의 편견을 지적했고 많은 사람들이 말로만 떠들고 있는 '더불어 사는 삶'에 대한 본보기를 여실히 보여주었다.

"두 돌이 지난 딸 아이 은혜가 함께 있는 뇌성마비 아이인 준영(6세)이와 함께 놀아주며, 먹을 것이 있으면 늘 나눠먹어요. 장애인의 모습을 자녀들이 배울까봐 걱정하는 부모들에게 드리고 싶은 말은 어려서부터 이들과 함께 사는 모습을 보여주고 가르쳐주는 것이 참 교육이라는 것입니다."

부인 박 씨의 힘 있고 분명한 어조와 남편 최 씨의 동조의 눈빛 속에는 1993년 새해를 맞아, 닥쳐오는 온갖 역경 속에서도 좀 더 건강하고 올곧게 서려는 의지가 담겨 있었다.

1993년 1월 1일자 장애인복지신문 보도 내용

'동병상련(同病相憐)' 애틋한 정 나눈다

최재학(34), 박인숙(33) 씨 부부는 소외된 이웃과 함께하는 삶을 '생활화'한 사람들이다. 박 씨의 집(경기 양평군 용문면 삼성리)에는 제힘으로는 꼼짝달싹도 못하는 장애인 14명이 있다.

5살부터 47살까지 연령층도 다양한 이들은 정신박약·언어장애·자폐증·사지불구 등의 장애를 각각 두세 가지쯤 복합적으로 안고 있다.

최 씨 부부는 이들 14명의 '장애식구'와 온종일을 같이 보낸다. 밥 떠먹여주고, 대소변 받아주고, 옷 입히고, 세수를 시키는 등 정상인 같으면 사소한 몸놀림 하나하나가 모두 최 씨 부부의 몫이다. 은혜(2)와 요한(1) 남매에 자신들까지 포함하면 최 씨 부부는 18명분의 생활을 하고 있는 셈이다.

하루해가 짧을마치 빡빡한 최 씨 부부의 이런 생활이 시작된 연원은 지난 1981년으로 거슬러 올라간다. 이해 가을 군대를 막 제대하고 서울의 한 철공소에 취업한 최 씨는 작업 중 왼쪽 팔목이 잘려나가는 큰 재해를 입게 된다. 불의의 사고로 인해 원래 보일러 시공·미장·집수리·용접 등에 좋은 솜씨를 가졌던 최 씨는 애타게 일자리를 찾아봤지만 끝내 직장을 구하지 못하고 서울 신망애 재활원에 입소하게 됐다.

"재활원에는 나보다 중증의 장애인들이 훨씬 많았어요. 장애인들에 대한 냉대를 직접 경험한지라 원생교육을 받으면서 이들을 돕는 삶을 살아야겠다고 결심했지요."

최 씨는 이 결심을 곧바로 실천에 옮겨 원생교육이 끝나자마자 1983~1991년 이 재활원에서 봉사원으로 일했다. 부인 박 씨 역시 같은 봉사원으로 일하다 만났다.

1991년 봄 최 씨 부부는 재활원에서 독립했다. 자신들이 나름대로 구상해온 장애인과 함께하는 삶을 실행에 옮긴 것이다. 장애인과 살을 비비고 정을 나누려면 모임의 규모가 작아야 한다는 것이 이들 부부의 생각이었다.

"단 한 명의 장애인이라도 정말 사람답게 돌봐야 합니다. 정상인보다 정에 더 굶주려 있는 것이 장애인입니다. 끼니 해결만으로는 장애인을 충분히 보살핀 것이 못 됩니다." 최 씨는 그간의 경험으로 보아 인간적으로 돌볼 수 있는 장애인 수는 열댓 명 정도가 적당하다고 덧붙였다.

인근 교회 신자 등의 경제적 지원과 마을주민의 도움으로 장애인과 생활하고 있는 최 씨 부부는 자신들의 삶을 '마음 편하고 한없이 평화롭다'고 자평한다. 중졸 학력에 가진 것이라고는 농가와 텃밭이 고작인 이들의 '사랑 베풀기'는 풍요·고학력 시대에 시사하는 바가 크다.

1993년 1월 8일자 중앙일보 보도 내용

남한강 기슭의 장애인 공동체

입춘이 지난 지 오래건만 남한강은 꽁꽁 얼어붙어 있었다. 장애인들이 재활을 꿈꾸며 모여 사는 '은혜의 집'을 찾아가는 길은 얼어붙은 남한강을 한 시간 이상 줄곧 거슬러 올라가야만 했다. 차창에 비켜가는 스산한 겨울풍경들……. 장애인들에 대한 일반인들의 '꽁꽁' 닫힌 마음을 보여주는 것 같아 울적한 기분이 들었다.

이따금 원주와 서울을 향해 달리는 기차의 경적만이 한가로운 농촌의 정적을 깨뜨리는 중앙선 기찻길 근처에 '은혜의 집'은 자리 잡고 있었다. 행정구역으로는 경기도 양평군 용문면 삼성리 701번지.

70여 평 대지 위에 20여 평 남짓한 가옥과 대여섯 평쯤 되는 비닐하우스가 앞마당에 자리 잡고 있는 '은혜의 집'은 겉보기에는 평범한 농가와 다를 바 없었다.

하지만 이 집에는 보통 사람이면 서너 살만 먹어도 쉽게 해낼 수 있는 밥 먹고, 대소변 가리고, 옷 갈아입는 일 등을 다른 사람의 도움을 받지 않고는 꼼짝달싹도 할 수 없는 15명의 장애인들이 모여 산다. 이들의 나이는 5살부터 47살, 유아부터 40대까지 다양한 연령층이 장애인이라는 아픔을 함께 나누며 살아간다. '엎친 데 덮친 격'이라고 이들의 대부분은 정신박약, 언어장애, 자폐증, 사지불구 등의 장애를 두세 가지쯤 복합적으로 안고 있다.

'은혜의 집'이 문을 연 것은 재작년 5월. 최재학(35세)·박인숙(33

세) 부부가 맨손으로 일궈낸 작은 쉼터이다. 이들은 자원봉사자 1명과 함께 15명의 장애인 식구를 돌보며 산다.

15명이나 되는 장애인들의 수발을 들어야 하기에 최 씨 부부의 하루는 보통 사람들의 하루와는 완전히 다르다. 하루 24시간을 48시간으로 두 배 정도는 늘려 살아도 부족할 만큼 정신이 없다. 사지를 움직일 수 없는 아이들 밥 떠먹이기, 정신박약으로 대소변을 못 가리는 아이들 기저귀 갈아주는 일, 세수 시키는 일, 목욕 시키는 일 등 부부의 손길이 가야 할 일이 산더미처럼 쌓여 있다.

부부의 일과는 낮 시간으로만 끝나는 것이 아니다. 한밤중 잠자리에 든 시간에도 마음을 놓지 못한다. 한 아이가 용변을 봐놓고 몸이 끈적거려 울기 시작하면, 다른 아이들도 덩달아 일어나 울기 일쑤여서 곤한 단잠도 마음 놓고 잘 수가 없는 형편.

특히 요즘처럼 해가 짧은 겨울철이면 이들 부부의 일거리는 말로 표현할 수 없을 만큼 늘어난다. 15명이나 되는 대식구의 옷가지를 빨고 말리는 일부터 목욕물 덥히기 등 계절에 따른 일거리가 부쩍 늘어나는 까닭이다. 이리저리 종종 걸음을 치느라, 굽혀진 허리를 펴고 심호흡 한번 크게 내쉴 짬도 없다.

이들 부부가 소외된 어려운 이웃과 함께하는 일상을 바라보면 '어찌 이렇게 힘든 일을 해낼 수 있을까' 절로 머리가 숙여진다. 그러나 시선이 최 씨의 왼손에 멈추게 되면(최 씨는 왼쪽 손목이 잘려나간 장애인이다) 숙연한 마음까지 든다. 몸이 성한 사람들도 하기 힘든 일을 장애인의 몸으로 아무런 불평 없이, 아니 너무도 즐거운 마음으로 해내고 있는 까닭이다.

강원도 홍천이 고향인 최 씨는 어려운 농가의 7남매 중 넷째였다. 그는 돈벌이를 위해 일거리가 많다는 서울로 올라왔다. 보일러 놓는 일, 미장일, 집수리, 용접 등 돈벌이가 되는 일이라면 가리지 않고 열심히 일을 익혔다.

웬만큼 기술을 익혀 생활에 자리를 잡아가던 1981년 가을, 그는 청량리 근처에 있는 철공소에서 철문 절단 작업을 하다 왼쪽 손목을 잃었다. 일하던 철공소가 영세한 곳이라 산업재해보험에 들었을 리 만무했다. 치료를 받고 그가 손에 쥔 보상금은 1백만 원이었다. 말이 보상금이지 절단된 손목에 대한 의수 비용에 불과했다.

한창 좋은, 무쇠라도 녹일 듯한 열정이 끓어 넘치던 스물세 살의 그는 이렇게 어이없게 장애인이 되고 말았다. 이곳저곳에서 익힌 보일러 놓는 일, 미장일, 용접일 등도 더 이상 그의 차지가 될 수 없었다. "그 몸으로 무슨 일을 하겠느냐" 가는 곳마다 문전박대를 받을 뿐이었다.

"저와는 아무런 상관도 없으리라던 장애인이 되고 나니 그 설움이 말할 수 없었지요. 한쪽 손으로 일을 할 수 있는 능력이 있는데도 저를 받아주는 곳은 없었습니다. 할 수 없이 고향에 돌아왔지만 그곳에서도 막막하기는 마찬가지였지요. '세상을 포기할까' 생각도 여러 번 했죠."

이렇게 2년 동안을 절망에 빠져 살던 그는 태릉 근처에 있는 한 재활원을 알게 되었다. 이곳에서 그는 자신보다 훨씬 정도가 심한 장애인들의 재활 노력을 보면서 자신의 고통은 가벼운 것에 불과하다는 사실을 절감하게 되었다.

재활원에서 재활교육을 받으면서 그는 자신이 갖고 있는 재주(보일러 놓는 일, 미장일, 용접일)를 마음껏 펼 수 있었다. 더불어 유화로 그림 그리는 법도 배워 후원자들에게 파는 아마추어 화가 노릇을 하기도 했다.

"재활원에서의 생활은 나날이 즐거웠습니다. 비록 작은 재주이지만 제 능력을 펴볼 수 있는 기회를 얻었기 때문이죠. 장애인들과 함께 어느 정도 살다 보니 제가 해야 할 일이 어렴풋하게나마 보이더군요. 어차피 정상인들과 경쟁을 해서 살 수는 없는 형편이니 이들을 돕는 삶을 살아야겠다고요."

재활원에서 시설 관리를 하듯 틈틈이 어렵게 살아가는 다른 장애인의 가정을 찾아다니며 미장일도 해주고, 보일러 수리도 해주었다.

아내 박인숙 씨도 이 재활원에서 만났다. 아내 박 씨는 1986년이 재활원에서 자원봉사자로 들어와 주방에서 재활 원 식구들의 끼니를 만들기도 하고, 거동이 불편한 사람들을 씻겨주는 일을 하기도 했다. 서로 같은 봉사 일을 하다 보니 두 사람은 자연스럽게 가까워졌다. 함께 이야기를 나눌 기회도 많아서 서로에 대한 이해의 폭도 넓어졌다.

이렇게 몇 년을 곁에서 지켜보다 보니 '이 사람이면 평생을 함께 할 수 있겠구나' 믿음이 생겼다. 그는 아내에게 청혼을 했다. 청혼을 받은 박인숙 씨는 "평생을 어려운 이웃을 위해 봉사하기로 마음을 먹었다"며 그의 청혼을 완곡하게 거절했다. 열 번 찍어 안 넘어가는 나무가 얼마나 되겠는가? "함께 힘을 모으면 더 많은 사람을 보살필 수 있지 않겠느냐"는 그의 적극적인 구애에 박인숙 씨도 결국은 '백기'를 들고 말았다.

1988년 11월, 최재학 씨와 박인숙 씨는 재활원 식구들의 축복을 받으며, 재활원에서 조촐한 결혼식을 올렸다. 두 사람 모두 가진 것이 없었으므로 신혼여행은 북악스카이웨이를 갔다 오는 것으로 대신했다. 신혼방도 재활원에서 내주어 그곳에 차렸다.

하지만 이들 부부의 결혼이 아무런 반대 없이 이루어진 것만은 아니었다. 손위 처남들이 "왜 하필이면 장애인과 결혼을 하느냐"며 박인숙 씨에게 압력을 넣었던 것. 그러나 '결혼은 생각도 없다던 딸이 결혼을 하겠다고 마음먹은 것만으로 반가운 일'이라는 장모님의 적극적인 지원으로 결혼이 성사되었다.

재활원에 살림을 차린 이들 부부는 장애인 돕는 일에 더욱 열심이었다. 사회의 무관심과 냉대에 멍이 든 장애인들을 돕는 일은 이들 부부에게 있어서는 자신의 아픔을 치유하는 것과 같았다. 동병상련이라고나 할까. 최 씨 스스로 그런 고통을 몸으로 겪었기에 실의와 좌절에 빠져 있는 사람들에게 힘을 불어넣어 주기가 쉬웠다. 누릴 것 다 누리고, 가진 것 다 가진 사람의 값싼 동정심이 아니었기에 그의 이야기는 훨씬 힘이 있었다.

부부가 함께 봉사원의 길을 2년 정도 함께 걸었을까. 재활원에

갑자기 불이 나 버린 것이었다. 그때가 1990년 연말쯤이었다. 이들 부부는 다른 복지원으로 거처를 옮겨 몇 개월을 봉사원으로 일했다. 큰 딸 은혜도 태어났다.

그러던 어느 날, 장모님이 그를 불렀다. "남을 위해 사는 것도 좋지만, 이제 아이도 생겼으니 가정적으로 안정을 찾아야 할 것 아니냐"는 것이었다. 이들 부부는 그 이야기를 듣고 많은 생각을 했다. 자신들이야 어떻게 살든 아무런 상관이 없지만, 귀여운 아이에게까지 고생을 시켜서는 안 된다는 마음이 들었다.

부부가 머리를 맞대고 며칠을 고민한 끝에 이들 부부는 독립을 하기로 의견을 모았다. 경제적인 안정을 갖기 위해 찾아간 곳은 청주 근처에 있는 무공해 농작물을 재배하는 농장이었다. 매달 얼마씩의 수입이 자신의 통장에 쌓여갔지만, 부부의 가슴 한편은 구멍이 뚫린 것처럼 허전하기만 했다. 장애인 친구들의 어려운 생활이 눈에 가물거리기만 했다.

그러던 중 재활원에서 절친하게 지내던 한 전도사가 찾아왔다. 그 전도사는 이들 부부에게 "어려운 이웃을 돕는 일을 해야지, 다른 일을 하면 마음에 차지 않을 것"이라며 장애인을 돕는 공동체를 만들어보라고 권유했다. 공동체를 차리는 데 보태 쓰라며 얼마간의 돈도 내놓았다.

"전도사님이 다녀가신 뒤로 공동체를 차릴 곳을 물색했죠. 하지만 손에 쥔 돈이 없으니 그만한 공간이 찾아질 리가 없었어요. 한참을 고민하는데 집사람이 그래요. 친정에 들어가서 그 일을 해보자고요. 서울에서 그리 멀리 떨어진 곳이 아니라 좋겠다는 생각이 들었죠. 장모님을 찾아뵙고 사정을 말씀드렸죠. 장모님께서 선뜻 허락을 해주시더라고요."

그는 공동체를 꾸미는 일을 시작했다. 헛간을 개조해 큰 방을 만들고, 좁은 부엌을 넓게 터내기도 했다. 집을 고치는 데 든 비용은 자재 구입비밖에 없었다. 그가 집 수리 기술을 발휘했기 때문이다.

1991년 5월, 부부는 '은혜의 집'이라는 장애인을 위한 공동체의 문을 열었다. 처음에는 세 명의 장애인으로 시작한 식구가 지금은 다섯 배가 불어나 열다섯 명이 되었다. 그만큼 부부의 손놀림은 바빠졌다. 기저귀를 갈아주고, 사지가 불편한 식구에게는 밥을 떠먹여 주고, 산더미처럼 쌓인 옷가지를 빨아내고, 틈틈이 재활교육도 시키고…….

하지만 이런 뒷수발만으로 모든 것이 해결되는 것은 아니다. 정신박약 장애인들이 많은 편이라 정상적인 대화가 되지는 않지만 이들 모두 오랜 무관심 속에서 정에 굶주려 있는 까닭에 수시로 감싸주어야 한다. 말을 알아듣지는 못하지만 칭찬을 하는 건지, 자신을 꾸짖고 있는 것인지 이들은 직감으로 알아낸다. 따라서 이들 부부는 아무리 바쁘더라도 이들에게 따뜻한 말 한마디라도 더 건네주려고 애를 쓴다.

"집사람이 애를 많이 쓰지요. 이 많은 식구들 끼니 챙겨야죠. 대소변 지려낸 빨래 해내야죠. 그래도 늘 얼굴에 웃음이 떠나지 않아요. 자신이 해야 될 일을 한다는 믿음이 강해서 힘든 일도 힘든 줄 모르는 것 같습니다."

사실 웬만큼 일 잘한다는 주부들도 이 정도의 대가족을 뒷바라지하라면 며칠 못 가 두 손을 다 들고 말 것이다. 그러나 박인숙 씨는 이런 일을 기쁜 마음으로 해낸다. 겨울에는 펌프 물이 잘 나오지 않아 집 앞 흑천에 나가 얼음장을 깨고 빨래를 하느라 손등이 터지고, 찬바람에 얼굴이 터져도 그는 아무렇지가 않다. 식구들 먹을 것 넉넉하게 먹이고, 목욕 시킬 따뜻한 물이 나오면 만족할 뿐이다.

'은혜의 집' 보금자리를 이곳에 틀 때 어려움이 없었던 것은 아니다. 마을 주민들로부터 심한 반대가 있었다. 장애인들에 대한 이해가 없었던 주민들은 이상한 표정을 짓고 다니는 장애인들이 동내에 돌아다니면 마을 분위기가 흐려지고 자녀 교육환경이 나빠지며, 동네 땅값도 떨어질 뿐더러 물도 오염된다며 마을을 떠날 것을 요구했다. 다른 지역에서도 마을 주민들이 반대를 하니까 결국은 떠나더라는 선례까지 들먹이며 완강하게 반대를 했다.

이들 부부는 동네 사람들에 대한 설득에 나섰다. 장애인이 있다고 마을 분위기가 나빠지는 것도 아니며, 장애인들이 겉모습은 흉하지만 마음은 어린아이들처럼 순진하므로 해를 끼치는 일은 없을 것이라며 더불어 살 수 있도록 해달라고 간청했다. 시간이 어느 정도 흐르자 동네 사람들의 인식도 달라졌다. 생각했던 것처럼 장애인들로 인한 피해가 전혀 생기지 않을뿐더러 아이들도 어려운 이웃에 대한 관심을 갖고 자신들의 생활이 얼마나 행복한 것인가를 깨닫기 시작한 까닭이었다.

'은혜의 집' 살림은 넉넉하지는 않지만 20여 명의 대식구가 기본 생활을 유지해나갈 정도는 된다. '은혜의 집'의 어려운 사정을 전해 들은 분들이 남모르게 후원금을 보내주기도 하고, 반대를 했던 주민들도 수확기가 무섭게 쌀, 콩 등의 곡식을 갖다주기도 한다. 또 최 씨가 가끔 미장일이나 보일러 수리 등을 해서 벌어들인 돈도 살림을 꾸려 나가는 데 큰 보탬이 된다.

하지만 이들 부부에게 고민이 전혀 없는 것은 아니다. 은혜의 집을 운영해 나가려면 매월 최소한 60만 원 정도가 있어야 하는데, 어떤 달은 그 정도의 돈도 모이지 않을 때가 많아서다. 이럴 때마다 부부는 주변 친지에게 손을 벌린다. '남에게 좋은 일 하는 것이니 도와 달라'는 말을 꺼내기는 피를 함께 나눈 형제들이 제일 만만하기 때문이다.

이런 까닭에 부인 박인숙 씨는 전기요금이 무서워서 세탁기도 마음 놓고 돌리지 못하고 집 앞 개울에 나가 얼음을 깨뜨리고 빨래를 하기도 한다. 후원자들이 기증해 준 빨래건조기도 그녀에게는 그림의 떡이다.

그렇다고 이들 부부는 '은혜의 집' 형편이 어렵다고 후원자들에게 후원금을 더 보내달라고 이야기할 배짱은 없다. 자신들이 좀 더 고생하고 노력하면 해결될 수 있는 일까지 후원자들에게 부담을 지우고 싶지 않아서다.

"은혜의 집 문을 열고 난 후, 장애인들에 대한 애정을 갖고 계신 분들이 많다는 사실을 새삼 실감했습니다. 드러내지 않고 저희 가족을 도와주시는 분들이 굉장히 많거든요. 하지만 아직도 장애인들에 대한 반감을 갖고 계시는 분들도 많습니다. 일할 수 있는 능력이 있는 장애인도 장애인이라는 이유 하나로 문전박대 받기 일쑤거든요. 장애인들도 떳떳한 사회 구성원으로 대접 받는 날이 빨리 왔으면 좋겠어요. 그러기 위해서는 장애인들의 재활을 위해 일반인들이 더 많은 애정을 보내주셔야겠지요."

취재를 마치고 얼어붙은 남한강을 따라 서울로 오는 차 속에 부부가 힘주어 말하던 이 이야기가 메아리쳐 들려왔다. 장애인에게 보내는 일반인들의 온정이 함께 모인다면 두껍게 얼어붙은 남한강 물도 쉽게 녹일 수 있으리라는 생각을 해보는 것은 즐거운 일이었다.

1993년 3월호 월간 리빙센스 보도 내용

"새집서 성탄 예배 꿈만 같다"

경기도 양평군 용문면 '은혜의 집' 식구들에겐 이번 성탄절이 어느 때보다 뜻 깊고 기쁘다. 단층 조립식 주택이지만 방이 7개나 되는 60평짜리 번듯한 새집에서 첫 성탄예배를 드리게 됐기 때문이다. 이달 초까지만 해도 21명의 식구가 창고를 개조해 만든 6평짜리 허름한 집에서 복닥거려야 했다.

"떡국 한 그릇 같이 먹고 축하예배를 드리는 게 전부지만 정말 뿌듯하다."

최재학(36) 씨는 아내 박인숙(34) 씨 손을 꼭 잡고 함박웃음을 지었다. 1991년 5월 '은혜의 집'을 세운 뒤 늘 마음을 무겁게 했던 큰 짐 하나를 던 것이다.

'은혜의 집' 식구들은 모두가 장애인들. 상당수가 대소변도 가리지 못해 기저귀 신세를 져야 하는 중증 뇌성마비 환자들이다.

앉거나 서 있지 못해 온종일 누워 지내야 하는 준영이(6)와 선이(6), '작년 여름 홀아버지가 맡기고 간 5살짜리 상석이', 지난주 새 가족이 된 38살의 김혜자 씨 등 대부분이 장애 때문에 부모에게 버림받았거나 가정형편이 어려워 들어온 외로운 사람들이다.

최 씨 부부는 이들에게 1년 내내 산타클로스 역을 하느라 하루 해가 모자랄 정도다.

"한때는 너무 힘들어 일을 그만두려고도 했습니다. 하지만……." 자신도 공장에서 일하다 프레스기에 왼쪽 손목이 절단된 장애인인 최 씨가 아내 박 씨를 만난 곳은 서울의 장애인복지시설 신망애재활원.

이곳에서 함께 장애인들을 돌보다 1988년 결혼에 이른 두 사람은 잠시 청주에 내려가 무공해 채소 재배 공장에서 맞벌이를 하며 살았다. 그러나 장애인들을 떠나 있는 '외도'는 오래 가지 못했다.

"돌보는 이 없이 버려진 시골 장애아들을 바라만 보는 게 함께 부대끼는 것보다 더 견디기 힘들더군요." 결국 '본업'으로 돌아온 것이다.

양평에 터를 잡은 것은 홀로 사는 박 씨의 어머니 집에 조그만 창고가 딸려 있어 큰 돈 들이지 않고 필요한 공간을 만들 수 있었기 때문. 무허가 시설이라 정부 지원도 받지 못하는 '은혜의 집'을 세우고 나서 최 씨는 서울의 몇몇 교회와 신자들이 보내오는 후원금에 집수리나 보일러시공 일을 간간이 맡아 버는 수입을 보태 월 1백 50만 원의 최저운영비를 빠듯이 조달해왔다.

이번 새 보금자리도 형편을 아는 건축업자가 시가의 절반만 받고 집을 지어주고 보일러시설 칸막이 같은 내부 공사는 최 씨가 직접 해 만들었다. "처음엔 어려움이 많았죠. 동네에 '혐오시설'이 들어선다고 주민들이 반대할 때가 제일 고비였습니다."

그 때문에 1년 동안 전입신고를 못해 의료보험증을 낼 수 없는 바람에 아이들이 병원에도 제대로 다닐 수 없었지만 얼마 후 이들의 참뜻이 알려지면서 지금은 주민들이 오히려 든든한 후원자가 됐다. "올 가을엔 콩과 찹쌀을 가져오거나 헌옷을 모아주기도 했고 얼마 전 집들이 때는 마을 어른들도 30여 분이나 참석해 축하해 주셨어요."

최 씨는 요즘 서울 왕십리에 있는 P신학교에서 2년째 때늦은 신학공부를 하고 있다. 거동이 불편해 교회조차 마음대로 다닐 수 없는 장애아들의 신앙교육을 직접 하기 위해서다.

"죽는 날까지 장애아들을 돌보며 이곳을 지킬 생각"이라는 최 씨 부부의 얼굴은 차가운 겨울바람에도 아랑곳없이 밝기만 했다.

1994년 12월 24일자 조선일보 보도 내용

여느 시설서 외면한 장애인들 안식처

"도대체 사회복지가 뭡니까? 장애 정도가 덜한 사람들만 모아놓고 자꾸 생색만 내면 그게 사회복지입니까?"

'은혜의 집' 최재학(37) 원장은 꼭 도움이 필요한 사람들이 제때에 도움을 받을 수 있을 때 그것이 진정한 사회복지가 아니냐고 주장했다. 대소변을 못 가리고 밥조차 제 손으로 먹을 수 없는 중증자애인일수록 사회복지시설에서 우선 받아주어야 한다는 것.

하지만 현실은 그렇지 않다. 이곳저곳의 사회복지시설을 찾아다니다 끝내 받아주는 곳이 없어 '은혜의 집'을 찾아온 장애인들이 그 증인이다. 이들 대부분은 부모가 없거나 부모가 있어도 함께 살 형편이 안 돼 집을 나왔는데 갈 곳이 없었다고 한다. 중증장애인은 돌보기 힘들다는 이유로 사회복지시실에서도 잘 받아주지 않기 때문이다.

최 원장이 이런 중증장애인들에게 관심을 갖게 된 것은 지난 1981년. 군에서 제대 후 남의 일을 돕다 작업 중 실수로 왼쪽 손을 잃은 후부터. 비록 한 손을 잃었지만 최 원장은 이때까지도 자신을 장애인이라고 생각하지는 않았다고 한다. 하지만 직장을 구하러 다니면서 최 원장은 이 땅의 장애인들이 어떤 대우를 받고 있는가를 깨닫게 된다. 한 달 내내 직장을 구하기 위해 돌아다녔다. 하루에 이력서만 여섯 군데에 넣은 적도 있었다. 하지만 처음엔 모르던 사람들도 면접 과정에서 최 원장의 왼쪽 손이 의수라는 것을 알면

무조건 채용하지 않겠다고 했다.

최 원장은 면접 과정에서 온갖 모욕을 당해야 했다. 심지어 "다리가 하나 없는 사람은 취직을 시켜줘도 손이 하나 없는 사람은 받아줄 수 없다"고 말하는 사람도 있었다. 최 원장은 그때 비로소 자신이 장애인이라는 사실을 절감했다. 또 이 땅의 장애인이 처한 현실이 어떤 것인가를 똑똑히 알게 됐다고 한다.

취업을 포기하고 자기보다 힘든 처지에서 살아가는 장애인들을 위해 살기로 결심한 최 원장은 장모를 설득하고 지금은 고인이 된 김갑순 전도사의 도움으로 처갓집을 수리한 후 오갈 곳 없는 장애인들을 받아들이기 시작했다.

마을 주민들의 완강한 반대와 후원에 의존해야 하는 어려운 형편 속에서도 처음 8명이던 장애인은 현재 30여 명으로 늘어났다.

'은혜의 집'에 사는 장애인은 10대가 대부분이고 자폐증, 뇌성마비, 정신박약, 지체장애 등의 중복장애를 앓고 있다. 중학교에 다닐 나이가 된 아이들도 대소변을 가리지 못해 대부분이 기저귀를 차고 있으며 봉사자들이 일일이 밥을 먹여주어야 하는 실정이다. 생활은 건축기술을 갖고 있는 최 원장이 벌어오는 돈과 후원자들의 후원에 의존하고 있다.

'은혜의 집' 식구들이 생활하는 데 필요한 돈은 월 4백만 원. 쌀만 해도 4가마가 소비된다. 그나마 후원자들이 보내온 빵이나 라면으로 점심을 해결해도 3가마 반의 쌀이 필요하다. 부식비도 만만치 않고 면역력이 약해 1년 내내 병원 출입을 해야 하는 까닭에 치료비도 보통 큰 부담이 아니다.

어려운 여건 속에서 장애인들을 돌보던 최 원장은 얼마 전 방송에 '소쩍새 마을'의 비리가 보도된 후 그나마 후원도 줄어들었다며 이젠 지자체 시대를 맞아 지방자치단체에서도 적극적인 관심을 가져주었으면 좋겠다고 말했다.

1995년 9월 5일자 문화일보 연중캠페인 보도 내용

장애인 아픔 장애인이 알지요

지난 5일 오후 경기도 양평군 용문면 삼성리 '은혜의 집'.

뇌성마비로 하루 종일 누워 지내는 선희(15) 양. 다운증후증과 자폐증을 앓고 있는 상식(12) 군. 척추 이상으로 스스로 앉고 서지 못하는 찬양(7) 군……. 60여 평의 거실을 꽉 채운 무의탁 장애인 61명은 원장 최재학(崔在鶴·41) 씨가 들어서자 반가운 표정을 지었다.

"어~, 어~" 말을 못하는 김성윤(여·28) 씨는 최 씨에게 자기 옆으로 와서 앉으라는 손짓을 한다. 상석이는 달려와 최 씨의 다리를 감싸 안았다.

"대부분이 신체·정신 장애를 같이 앓는 중증 환자입니다. 의사소통이 가능한 사람이 10퍼센트 미만이고 절반 정도는 대소변을 가리지 못하죠."

1991년부터 '은혜의 집'을 운영하고 있는 최 씨는 1982년 청량리의 한 공장에서 일을 하다 프레스에 왼쪽 손을 잃었다. 퇴원 후 30여 군데의 회사에 입사원서를 냈지만 매번 퇴짜를 맞았다. 결국 신문배달을 시작했다. 한 손에 200여 부의 신문을 받아 든 첫날, 그는 눈물을 흘렸다. 장애인이라는 피해의식이 늘 그를 따라다녔다. 그러던 1984년 어느 날 철야기도회에 참석한 그는 뇌성마비 환자들이 기도를 하는 모습을 보고 인생 계획표를 새로 짰다.

"내가 처한 장애라는 것이 그들에 비하면 얼마나 가벼운 것인지를 깨달았죠."

그 후 장애아를 돌보는 시설에서 봉사활동을 시작했다. 기저귀를 갈아주고 밥을 먹이고, 목욕을 시키고……. 1988년 장애인 시설에서 봉사하며 만난 박인숙(朴仁淑·40) 씨와 결혼을 했다.

본격적으로 장애인을 위해 봉사하려고 최 씨는 1991년 아내의 친정이 있는 경기 양평으로 내려왔다. 5평 남짓한 창고를 개조해 중증장애인 8명을 첫 식구로 맞이했다. 최 씨는 운영비를 마련하기 위해 조립식 건축 사업을 시작했다.

식구는 금세 늘었다. 날마다 '은혜의 집' 앞에는 버려진 장애인들이 발견됐고, 금방 60여 명이 됐다. 한 달 생활비는 800~900만 원. 한 달 수입이 200~300만 원인 최 씨는 나머지 운영비를 자선단체들의 기부금에 의지하고 있다.

"주변에서 많이 도와줘요. 단골 주유소에서는 보일러 땔 기름을 사갈 때 '돈은 언제든지 편할 때 달라'고 말합니다. 왜 사서 고생하느냐는 얘기가 많아요. 그러나 제가 이들의 아픔을 알아요. 죽을 때까지 이들과 함께 있을 겁니다."

그는 올해 '은혜의 집'을 법인으로 등록해 복지시설로 가꾸는 소망을 가지고 있다.

"법인 계획도 쉽지 않네요. 주민들 반대가 심해요. 20여 년 전에 제가 처음으로 느꼈던 우리 사회의 편견은 아직도 그대로인 것 같습니다."

2000년 1월 15일자 조선일보 보도 내용

교회 장애인 시설 양성화 돼야

경기도 일대 개발제한구역(그린벨트)이나 상수원특별권역 내에 설치된 교회의 장애인 시설들이 관할 행정기관의 융통성 없는 단속으로 제대로 기능을 못하고 있다.

특히 현행 건축법상 이들 규제지역 내에서의 건축물 신축이 제한되고 있는 가운데 관련법 규정에 따른 관할 행정기관의 잦은 단속과 무책임한 행정으로 철거 위기에까지 처해 있는 것으로 나타났다.

24일 경기도 내 각 시·군에 따르면 현재 그린벨트 내에서 장애인 선교활동을 위해 개인이 운영 중인 교회시설이나 사회복지시설은 모두 100여 건에 이르는 것으로 추정되고 있다. 그러나 이들 교회시설 대부분이 거동이 불편하거나 보호자가 없는 영세 장애인 거주 시설인데다 국민기초보장법상 보장된 생계보조비를 받을 수 없는 불법 건축물로 분류돼 정부나 자치단체는 물론 사회의 도움을 받지 못하고 있는 실정이다.

더욱이 이들 시설은 갈 곳 없는 장애인이나 영세민들을 수용하는 사회복지시설을 겸하고 있는 교회시설인데도 불구하고 일부 시설의 증축이나 개축 행위가 자유롭지 못해 무등록 또는 무인가 시설로 분류돼 각종 혜택은커녕 단속대상으로 전락하고 있다.

실제로 지난 1990년 5월부터 경기도 양평 지역에서 장애인들이 공동체생활을 해오고 있는 은혜의 집(담임목사 최재학)의 경우 지난 1999년 4월 양평군 대흥리 소재임야 8266제곱미터를 매입, 소외 장애인들을 위한 교회시설과 거주시설을 설치해 운영해오고 있다.

그러나 최근 경제사정이 악화되면서 거주를 희망하는 장애인들이 크게 늘어나 일부 시설을 증축했으나 상수원특별대책권역에서의 행위제한 규정에 따라 관할 행정기관으로부터 철거될 위기를 맞고 있다.

이 교회 최재학 목사는 "교회 안에 마련한 장애인 거주공간이 부족해 일부 시설을 늘려 사용하고 있으나 행정기관으로부터 매일 철거명령을 받고 있다"며 "언제 헐릴지 몰라 장애인들이 불안에 떨고 있다"고 말했다.

용인시 모현면의 Y교회 역시 20여 명의 장애인들이 거주하고 있으나 지난 1999년부터 관할 행정기관이 불법 건축물로 적발, 단속하는 바람에 매년 2~3차례 증축한 건물 일부를 뜯어내야 하는 불편을 겪고 있다.

현재 경기도 내에는 이 같은 교회 시설들이 상당수 운영되고 있으나 관할 행정기관들도 영리 목적이 아닌 공공복리 목적이란 점을 인정하면서도 구제 방법이 없어 골머리를 앓고 있는 실정이다.

이에 대해 양평군 관계자는 "현행 관련법규로는 구제할 방법은 없으나 공익을 위한 시설인 만큼 관련법 규정이 시급한 실정"이라며 "이를 위해 정부가 보호해야 할 장애인시설에 한해서는 공공복리시설로 인정, 사회복지법상 혜택을 줄 수 있는 시설로 양성화해야 한다"고 말했다.

2001년 8월 26일자 국민일보 보도 내용

"중증복합장애아동 62명 어쩌나"

"장애인 복지정책 모르는 자치단체장 방문을 사절합니다."

지난 8월 초 양평읍 대흥리 산 12번지에 소재한 중복장애인시설인 은혜의 집에 항의성 플래카드가 걸렸다. 원인은 신축건물 준공허가가 관련법상 제동이 걸려 장애인들이 고통을 받고 있는 데 따른 것.

문제는 1990년부터 미인가 시설로 운영해오던 은혜의 집(원장 최재학)이 양성화 과정으로 1999년 10월 법인허가를 취득한 후 무의탁 장애아동 62명을 포함한 72명의 거주할 건물을 신축하는 과정에서 건축제한 면적보다 310제곱미터 초과하면서 비롯됐다.

군은 팔당상수원 특별대책지역 1권역에서는 건축면적이 800제곱미터로 제한돼 이를 초과할 경우 준공허가 사실상 불가하다는 입장이다. 군은 이와 함께 원상복구를 지시했으나 이행하지 않자 강제이행금 1천 400만 원을 부과하는 등 강력 조치했다.

반면 은혜의 집 측은 "설계변경을 제때에 하지 못해 건축규모가 초과된 부분에 대해서는 과정금 등의 책임을 지겠지만 군이 환경정책기본법상 사회공공복리시설의 경우 건축제한을 받지 않는 예외조항이 있음에도 법 해석을 임의로 해 문제가 발생했다"며 반발하고 있다.

군과 은혜의 집이 첨예하게 대립하고 있는 법조항은 환경정책기본법 22조. 군은 관련법에서 800제곱미터 건축제한 조치의 예외사항을 인정하는 범위는 공공복리시설인 관공서·의료·공공교육기관·사회복지·종교·체육시설 등이 있으나 은혜의 집의 경우 외지인구가 유입될 수 있는 장애인 요양시설이기 때문에 예외를 인정할 수 없다는 입장이다.

환경정책기본법에는 예외를 인정하는 사회복지시설일지라도 장애인·노인 등을 위한 의료·요양 및 휴양시설과 같이 외지인구 유입을 유발하는 시설은 예외조항을 인정치 않고 있다.

그러나 최 원장은 "자신을 비롯해 입소된 장애인 모두는 주민등록상 양평군민이며 10여년 가까이 살아오고 있을 뿐 아니라 추가 외지인구 유발의 의지도 없는 만큼 공공복리시설로 간주해야 하며 건축제한 조치는 부당하다고 주장"하고 있다.

관련법 해석을 둘러싼 정부부처의 반응도 엇갈리고 있다.

보건복지부 장애인제도과 한 관계자는 "장애인 시설을 공공복리시설이라고 보지 않는 것은 부당하다"며 "기아 발생 시 외지인구 유입에 대해서는 양평군의 허가사항이며 양평군의 입장에서 장애인 시설의 필요성을 인식한다면 군 재량으로 얼마든지 공공복리시설로 인정할 수 있는 사항"이라고 주장했다.

반면 입지 불허를 회신한 환경부 생활오수과 관계자는 "은혜의 집 역시 법에 명시된 대로 외지 인구 유입이 가능한 장애인 의료요양 및 휴양시설로 간주해야 한다"고 밝혔다.

이처럼 사태가 격화되자 군은 기존건축물 처리에 대해 일반건축물은 800제곱미터 미만으로 하고 다른 건축물은 비오수 배출 시설인 창고로 하여 사업계획변경과 건축물 설계 변경을 해 준공을 받을 것을 권고했다.

그러나 건축물 준공을 받는다 해도 문제가 간단하지 않다. 은혜의 집의 경우는 사회복지법상의 장애인 생활시설로서 장애인 복지법상 수용 인원당 필요한 면적을 준수해야 하므로 800제곱미터로는 현재의 장애인 모두를 수용할 수 없게 되고 시설 지원을 받지 못할 뿐만 아니라 최악의 경우 법인 허가 취소까지 받을 수 있기 때문이다.

최 원장은 "입소된 중증복합장애인들의 거처가 없어질 수도 있는 문제"라며 "양평군이 장애인 복지에 대해 적극적인 자세로 임하지 않을 뿐 아니라 법 해석에 있어서도 재량권을 남용하고 있다"고 하소연했다. 한편 이 문제에 대해 은혜의 집은 지난 6월 말 행정심판 청구 및 행정소송을 제기하고 사법적 판단을 요구해 귀추가 주목되고 있다.

2001년 9월 25일자 백운신문 보도 내용

"장애인 비장애인 함께 어울려요"

장애인과 비장애인이 함께 어울리며 서로 연대의식을 기르는 뜻깊은 행사가 열렸다.

원덕초(교장 황해룡)는 지난 22~23일 본교 운동장에서 2004 함께 가는 길 '통합 뒤뜰 야영'이란 제목으로 장애인과 비장애인 가족이 함께 참여하는 통합캠프를 마련했다.

올해 양평군 지정 통합교육 시범학교로 선정된 원덕초는 4~6학년 학생 57명과 본교에 다니는 사회복지법인 은혜의 집(대표 최재학) 특수교육 아동 14명이 함께 걸개그림 그리기, 풍물놀이, 보물찾기, 장기자랑, 대동놀이, 캠프파이어 등의 활동을 벌이면서 장애학생에게는 사회 적응력을 향상시키고, 비장애 학생은 서로 돕고 배려하는 기회를 가졌다.

이번 행사에는 인솔교사 및 행사 진행요원 10명을 비롯하여 14명의 자원봉사자들도 함께 참여하여 의미를 더했다.

교사들도 이 행사를 위해 학교 곳곳에 구족화가의 다양한 미술 작품과 역사 속의 장애 위인 등을 설명과 함께 전시해 놓아 학생들이 장애에 대해 올바른 가치관을 가질 수 있도록 도왔다.

행사를 준비한 교사는 "아이들이 통합캠프에 참여함으로써 사고의 폭을 넓히는 계기가 되는 것은 물론 더불어 사는 사회의 의미 등 교육적 효과가 매우 높을 것으로 기대하고 있다"며 "앞으로 정기적으로 이와 같은 행사를 마련할 계획"이라고 말했다.

2004년 7월 29일자 양평신문 보도 내용

"이젠 서로 없이 못 사는 사이 됐죠"

"11년 전에는 주민들이 장애인이라고 전입신고도 받아주지 않았는데……" 23일 오전 경기도 양평군 대흥리 중증장애아 복지시설 '은혜의 집'. 오는 26일로 예정된 '복지시설 인가 축하잔치' 준비로 바쁜 이곳에 주민 김종세(48·용문면 삼성2리 이장) 씨와 신창선(47) 씨가 찾아왔다. 마중 나온 최재학(43·원장) · 박인숙(42) 씨 부부는 "주민들이 이해하고 도와줘서 지금껏 버텼다"며 무공해 배추를 상자채 담아온 김 씨의 손을 꼭 잡았다. 같은 시각, 목욕탕에서는 인근 용문중고 학생 10여 명이 장애 아동들의 몸을 씻기고 있었다.

지난 1991년 설립 당시 주민들의 반대로 쫓겨날 위기에 처했던 미인가(未認可) 장애인 복지시설 '은혜의 집'이 마을 주민들과 공동으로 복지시설 인가 축하잔치를 열게 됐다. 용문면 삼성리의 6평짜리 가건물에서 중증장애아 8명을 돌보는 것으로 시작된 최 씨 부부의 '장애인 사랑'이 마을 주민들의 축복 속에 공인(公認) 사회복지시설로 다시 태어나는 것이다.

지난 1988년 봉사활동 중 만나 결혼한 최 씨 부부는 1991년 부인 박 씨의 친정이 있는 삼성리에 장애인 복지시설을 차렸다. 하지만 중증장애아들을 처음 본 주민들은 대책회의까지 열며 "땅값 떨어진다", "나쁜 병균이 옮는다"며 거세게 반대했다. 최 씨 부부는 세수한 물과 쓰레기를 10킬로미터 떨어진 곳까지 실어다 버렸고, 당시 이장이 전입 확인 도장을 찍어주지 않아 전입신고도 할 수 없었다.

그러나 주민들의 거부감은 차츰 누그러졌다. 밤낮으로 아픈 아이를 돌보는 부인 박 씨와 새벽부터 공사판 일로 돈을 벌어오는 남편 최 씨를 지켜보면서 관심과 동정을 갖기 시작했다. 빨래를 도와주거나 채소를 놓고 가는 주민들도 하나둘씩 생겨났다.

장애아와 마을 주민들이 결정적으로 가까워지게 된 계기는 1998년 8월 집중호우였다. 폭우에 강둑이 터져 마을이 침수되자 주민들이 '은혜의 집' 한쪽 벽을 뜯어내고 장애아들을 구출해낸 것이다. 신창선 씨는 "TV에서나 보던 중증장애아들을 처음 봤을 때 편견이 컸던 것이 사실"이라며 "수재 당시 장애아들을 구하고 함께 마을회관에서 생활하면서 마음의 벽이 허물어졌다"고 말했다.

이후 주민들은 함께 음식을 만드는 등 은혜의 집 가족들을 식구처럼 대했고, 마을 청소년들도 틈나는 대로 자원봉사에 나섰다. 청소년들 중엔 이를 계기로 사회복지사가 된 경우도 있다.

'은혜의 집'은 식구가 60여 명으로 늘면서 작년 삼성리 인근 대흥리에 새 건물을 지어 이사했고, 지난 6월 정식 복지시설로 정부 인가를 받았다. 최 원장은 "지난 1991년과 비교하면 격세지감이 든다"며 "장애인에 대한 막연한 편견과 거부감을 없애려면 장애인과 비장애인이 자주 접촉하는 것이 중요하다는 사실을 깨닫게 됐다"고 말했다.

2002년 10월 24일자 조선일보 보도 내용

은혜의 집 장애우들 문화의 전당 나들이

"텔레비전에서나 보는 건 줄 알았는데 이런 거 처음 봐서 신기하고요, 식구들하고 함께 버스타고 와서 재미있어요."

경기도 문화의 전당 대공연장에서 만난 지체장애우 유종순(37)씨는 조금은 어눌한 말투지만 밝은 표정으로 자신의 감정을 감추지 않았다.

3일 오후 3시를 조금 넘긴 시각, 이글거리는 햇빛에 찌는 듯한 무더위가 절정을 이룬 시간이었지만 공연을 관람하고 나온 장애우들의 표정은 한결같이 환했다. 이날 행사는 문화생활로부터 동떨어져 있는 정신지체장애우들을 초청해 공연을 관람시키고 함께 식사를 하는 등으로 휴가를 떠나는 기분을 느끼게 해주자는 도 문화의 전당의 기획으로 이뤄졌다.

그 첫 번째 수혜 대상이 된 양평군 '은혜의 집'은 10개월 된 어린 아이부터 50세에 이르는 성인까지 정신지체 1급 장애인 70여 명이 생활하고 있는 곳. 모처럼만에 파란색 조끼를 단체로 맞춰 입고 수원에 있는 공연장으로의 나들이를 시도한 이들은 평소 공연장은 물론 바깥 외출조차도 쉽게 엄두를 내지 못하는 중증 지체장애우들이다. 대부분의 정신연령이 3~4세밖에 되지 않기 때문에 그동안 외출은 엄두도 못 냈었다.

경기도의회 문화여성공보위원회 소속 이희영 의원은 도 문화의전당 홍사종 사장과의 대화에서 이들의 안타까운 사정을 이야기하다 전당이 펼치는 사업에 양평지역 장애우 초청을 제안했고 홍사장이 기꺼이 받아들여 성사됐다.

전당 측은 양평군에서 버스 1대와 전당 측 차량 등 총 2대의 버스를 제공하고 은혜의 집 장애우 46명을 공연장으로 초청해 국립모스크바 중앙 인형극장이 공연하는 인형극 '진기한 콘서트'를 관람시켰다. 진기한 콘서트는 노래, 춤, 뮤지컬, 서커스 등 다양한 레퍼토리로 꾸며진 인형극으로 지능지수가 낮은 장애우들이 관람하기에도 더없이 좋은 작품이라는 게 전당 측의 설명이다.

이번 초청 공연으로 장애우들은 평생 한번 접하기 힘든 공연장 문화를 경험했으며 감성을 자극하는 소중한 기회가 됐다.

특히 이날은 이희영 의원과 은혜의 집 인솔교사 7명 외에 새마을지도자 양평읍 협의회 박진섭 회장, 이영규 부회장, 김명성 사무국장과 양평읍 새마을 부녀회 허인숙 총무, 덕평1·2·3리, 도곡1·2리, 양근4리, 고흥3리 부녀회장 등 11명이 자원봉사자로 참여해 훈훈함을 더했다.

"문공위원이 된 뒤 문화 소외 지역에 대한 관심이 더 많아졌다"는 이희영 의원은 "특히 은혜의 집 장애우들이 평소 공연 문화를 접해본 적이 없는데다 시설 좋은 공연장에서의 관람은 엄두도 못 내는 상황이어서 문화체험의 소중한 기회를 제공해주기 위해 도 문화의 전당 측에 협의했는데 흔쾌히 받아들여 고맙다"며 "장애우들이 공연장을 찾는 게 쉽지 않은 만큼 크리스마스 같은 의미 있는 날에도 직접 찾아와 공연을 보여주는 등으로 보다 많은 혜택이 주어졌으면 한다"는 바람을 나타냈다.

한편 장애우들은 공연 관람 후에는 수원시 화성관리사무소의 협조로 문화재 해설사와 함께 '화성'을 둘러보는 시간도 가졌다.

2004년 8월 4일자 중부일보 보도 내용

'스케이트 완주' 꿈이 아닌 현실로

지난 1월 9일 오후 원덕 특설링크에서 경기도 내 빙상제전이 펼쳐지는 가운데, 관내 중증장애인 시설인 은혜의 집 가족들이 스케이트 시합을 하기 위해서 참가를 하였다.

비록 나이는 여느 아이들보다 많지만 초등부 빙상선수들의 도움을 받아가며 약간은 버거운 듯 했지만 정해진 코스를 완주하였다. 이 광경을 지켜본 주민들은 뜨거운 응원과 아낌없는 박수를 선사했다.

은혜의 집 스케이트 프로그램은 원덕초등학교 빙상부를 지도하고 있는 전 국가대표 출신의 오환효 감독과 은혜의 집에 근무하고 있는 사회복지사들이 지도하고 있다.

동절기에는 스케이트를, 하절기에는 이를 준비하기 위해 인라인 스케이트 훈련과 기초체력 훈련을 하고 있다.

스케이트를 배우는 장애 가족은 12명으로 신체 및 정신 장애를 가지고 있으며, 연령대도 14살에서 41세까지 다양하게 구성되어 있다.

은혜의 집은 40여 명의 중증장애 가족들이 생활하는 복지시설로 1990년에 비인가 시설로 시작을 해서 현재는 정식 사회복지법인 시설로 인가를 받은 사회복지 생활시설이다.

2004년 1월 30일자 양평 새소식 보도 내용

장애인 배척했던 마을에 장애인들이 1,000만 원 성금

14일 오후 2시 경기 양평군 삼성 2리 마을회관. '은혜의 집' 최재학(53) 원장이 이석규(54) 이장에게 1,000만 원이 담긴 봉투를 건넸다. 최 원장은 20여 년 전 이 마을에 중증장애인 시설인 '은혜의 집'을 세웠다. 원장 본인도 왼손이 없는 지체장애인이다. 하지만 20

여 년 전 마을 주민들은 '세균이 옮는다'며 이들을 거부했다. 전입신고조차 받아주지 않았다. 그런 시설이 마을을 위해 기부한 것이다. 이 마을에 무슨 일이 있었을까.

최 원장이 아내 박인숙(52) 씨와 이 마을에 은혜의 집을 차린 것은 지난 1991년. 서울에서 장애아들을 돕다 만나 결혼한 부부는 아내의 고향집 창고(20제곱미터, 약 6평)를 개조해 은혜의 집을 차렸다. 아내로선 8년 만의 귀향이었다. 은혜의 집은 1년 만에 지체장애·뇌성마비아 등 장애아 10명으로 가득 찼다.

하지만 주민 반응은 절망적이었다. '장애아들 몸에 있는 나쁜 균이 동네 개천을 오염시킨다', '전염될 수 있으니 최 원장 집 물건에 손대면 안 된다'는 소문이 떠돌았다. 3차례에 걸친 마을 회의는 투표를 통해 이들을 받아들일 수 없다고 결정했다. 아내 박 씨는 당시 이장에게 무릎까지 꿇었다. 하지만 이장은 전입신고서에 도장을 찍어주는 것조차 거부했다.

전입신고가 안 된 아이들은 의료보험 혜택을 받을 수 없었다. 한 달이 멀다하고 병원 신세를 져야만 했던 아이들은 병원에 가질 못했다. 쓰레기도 마을 안에 버릴 수 없었다. 부부는 차로 30분 거리인 다른 마을에 쓰레기를 버렸다.

이들의 이런 사정은 본지 〈1992년 5월 20일자 23면 참조〉를 통해 세상에 알려졌다. 면사무소에 항의전화가 빗발쳤다. "마을 여론 때문에 어쩔 수 없다"던 면사무소도 결국 아이들의 전입신고를 받아줬다.

하지만 이들은 여전히 서류 속의 마을 주민 일원이었을 뿐이다. 마을 입구에 있던 은혜의 집은 '동네 인상이 안 좋아진다'는 이유로 마을 안쪽으로 자리를 옮겨야만 했다. 2002년 사회복지법인 '은혜재단'으로 정식인가까지 받았지만 마을에선 여전히 이들을 꺼렸다.

'진짜 주민'이 되기 위한 노력이 이어졌다. 최 원장과 장애인들은 무작정 면사무소로 찾아가 도움이 필요한 주민들의 명단부터 받았다. 그리곤 거꾸로 멸치조림과 장조림 등 밑반찬을 가져다주기 시작했다. 여름철엔 수박과 참외, 가을엔 호박죽, 겨울철엔 동지팥죽 등 절기 음식도 빼먹지 않고 가져다줬다. 낡은 집도 고쳐주고, 겨울철엔 창문에 방풍 비닐을 덧대줬다. 6개월에 한 번씩 봉고차로 마을 사람들을 태워와 식사를 대접하고 장기자랑을 하는 '초청행사'는 이제 이 마을의 대표 행사가 됐다. 재원은 최 원장이 틈틈이 공사장 일을 하며 번 돈과 은혜의 집으로 온 후원금으로 마련했다.

2005년부터는 고스톱과 TV밖에 없던 마을에 새 문화도 생겼다. 은혜의 집 직원들이 매주 마을회관을 찾아가 최신 영화를 틀어줬기 때문이다. 관객은 평소 영화를 못 보던 마을 노인들이었다. 중증장애인들과 독거노인의 일대일 결연도 이뤄졌다. 결연을 맺은 장애인들은 독거노인의 생일을 챙겨주는 것은 물론 평소 목욕도 함께했다.

꾸준한 노력에 마을 사람들의 시선도 조금씩 바뀌기 시작했다. 마을 사람들이 복날 잔치에 은혜의 집 장애인들을 초청하기 시작한 것이다. 2010년에는 이 마을 신창선(57) 씨가 은혜의 집 이사로 임명됐다. 서성은(여·65) 씨는 "장애를 가졌다는 게 낯설어 거부감이 들었던 것 같다"며 "예전엔 말 붙이기도 꺼렸는데 막상 친해져 보니 정말 착하고 똑똑하다"고 말했다. 김종일(여·47) 씨는 "은혜의 집이 없으면 삭막하고 쓸쓸한 동네가 될 것"이라며 "장애인들과 계속 만나다 보니 그때 왜 그렇게 반대했는지 민망하다"고 말했다.

최 원장이 이번에 기증한 1,000만 원은 법인화 된 이후 정부로부터 받은 급여 일부와 그가 학교 등지에서 강연해 번 돈을 보태 마련했다. 마을은 이 돈을 '체험마을 사업'을 추진하는 데 사용할 예정이다. 최 원장은 "마을 일에만 쓰이면 어디에 사용되든 크게 상관없다"며 "이 돈은 우여곡절이 있었지만 우리 시설을 받아준 마을을 위해 내는 '마을 발전기금'"이라고 말했다.

"'사랑'은 명사가 아니라 동사더군요. 한때는 갈등을 겪고, 서로를 오해하기도 했습니다. 하지만 20년간 부딪치다 보니 결국 사랑하게 됐습니다. 모르기 때문에 미워하지 계속 부딪치면 언젠가 진심을 알아줄 거라는 '희망'이 이뤄진 거죠." 최 원장은 '사랑'과 '희망'을 그렇게 정의했다.

2012년 12월 17일자 조선일보 보도 내용

양평군 사회복지사협회장 이취임식 개최

양평군 사회복지사협회(이하 양지협)는 최재학(은혜재단 이사장) 회장 취임식을 28일 오후 5시 양평읍 가야뷔페 3층에서 개최하고 새로운 도약을 다짐했다. 이날 행사는 오후 5시부터 김덕수(전 양평군 의원) 회장의 이임식과 함께 열렸으며, 개회 및 국민의례, 내빈소개, 공로패 수여, 이임사, 협회기 전달, 취임패 수여, 취임사, 축사, 축하공연, 기념 촬영, 식사 순으로 진행됐다.

이취임식에는 김선교 군수와 주민복지실 관계자, 양평군사회복지협의회장, 양평군사회복지협의체 공동회장, 조승철 경기도사회복지사협회 회장 등 각계 사회복지 인사와 사회복지사 등 200여 명이 참석했다.

김덕수 이임 회장은 인사말에서 "어려운 여건 속에서 경기도에서 7번째로 창립된 지 4년이 됐다. 창립 당시부터 전혀 외부 도움 없이 회원 여러분의 알토란 같은 회비로 꾸려왔다"며 힘들었던 재임 4년을 회고하면서, "그러나 최근 사회복지사 및 종사자의 지원에 관한 조례가 제정되어 앞으로는 사회복지사 여러분들의 열악한 환경과 근무여건이 향상될 것"이라고 기대했다.

김 이임회장은 이어 "이 조례로 말미암아 양지협은 획기적인 전환기를 맞이할 것"이라면서, "새로 임기를 맡으신 최재학 신임회장님이 군수님 이하 사회복지 공무원들과 소통을 하면서 사회복지사들이 한 단계 업그레이드 될 수 있는 환경을 만들어줄 것으로 믿는다"고 말했다.

최재학 신임회장은 "1970년대에 사회복지 종사자로 시작되어 1983년 5월에 사회복지사업법이 개정되면서 사회복지사로 명명되었다"고 사회복지사 연혁을 설명하고, "양평군에서 사회복지사의 처우에 관한 조례가 경기도에서 4번째로 제정된 것에 대해 깊은 감사를 드린다"고 말했다.

최 신임회장은 또 "사회복지는 이론을 통한 현장학습 중심이 아니면 발전할 수 없다. 이를 위해 종사자들을 위한 보수교육 등 프로그램을 찾아 나설 것"이라고 역설하고, "사회복지사협회 회원들의 처우개선을 위해 최선의 노력을 다할 것을 다짐한다"고 말했다.

이어 축사에 나선 김선교 군수는 "여러모로 열악한 환경에서도 지난 4년 동안 묵묵히 유종의 미를 거두신 김덕수 회장님께 진심으로 깊은 감사를 드린다"고 말하고, "오늘 3대 회장으로 취임하신 최재학 회장님은 경험과 이론을 바탕으로 전임 회장님이 쌓아올린 업적을 더욱 빛이 나게 해줄 것으로 믿는다"고 말했다.

한편, 정부는 사회복지사의 사기진작과 사회복지에 대한 국민 인식제고를 위해 2007년 매년 4월 22일을 사회복지사의 날로 선포했으며, 양평군사회복지사협회는 2009년 4월 창립식을 가져 현재 297명의 회원이 가입되어 있다.

2013년 2월 1일자 동부중앙신문 보도 내용

'공사장 카페' 독특한 분위기

건설인들의 모임공간인가? 아니면 건축자재박물관? 그럼 공사현장과 관련된 그 무엇? 이것도 아니면 주인 성씨가 공 씨라서?

처음 방문하는 사람들은 이 같은 특이한 상호에 궁금증을 안은 채 공사장 카페를 찾는다.

이윽고 카페에 들어서는 순간 사람들의 눈은 휘둥그레진다. 실내는 온통 건축자재로 갖가지 모양을 냈을 뿐 아니라, 건축공사장에서 나뒹구는 건축자재로도 이렇게 훌륭한 인테리어에 놀라서다. 또한 궁금증은 단박에 사라진다. 운치 있고, 세련되고, 분위기 그윽한 카페임을 깨닫는다.

그런데 그 많고 많은 상호 중에 왜 하필 '공사장'일까. 물론 온통 공사장 자재로 실내를 꾸몄기에 그렇기도 하거니와, 여기에는 카페 주인장인 최재학(54) 은혜재단 이사장의 숨은 속뜻이 있다.

"공사장에는 아무 탈 없이 무사히 공사를 잘 끝내야 아름다운 건축물이 탄생하듯이, 우리네 삶도 '공사장'과 같아서 살아가면서 숱한 풍상을 겪지만, 이를 슬기롭게 극복한 인간승리야말로 더없이 고귀한 삶이라고 생각합니다."

최재학 이사장은 20여 년 전에 양평에 둥지를 틀고 자신도 장애를 지니고 있는 탓일까, 몸이 불편한 장애인들을 위한 사회복지시설을 운영해오면서 현재는 (사)은혜재단 산하에 '은혜의 집'과 '지게의 집'을 부인과 함께 확대운영하고 있다.

"양평에는 장애인과 비장애인이 함께 어우러져 차 한 잔 편하게 마실 수 있는 공간이 없었습니다. 장애인은 차 한 잔 마시는 것도 불편합니다. 따라서 고민을 하다가 장애인과 비장애인과의 벽을 허물고 지역주민들과 함께 편하게 차를 마실 수 있는 공간을 생각하면서 이런 카페를 구상하게 되었습니다."

최 이사장은 양평에 정착한 후로 7년여 동안 건축 일을 하게 되면서, 그동안 모아 놓은 건축자재를 카페 인테리어 소품으로 활용하게 되었다는 것. 더욱이 그는 직접 두 달여에 걸쳐서 손수 구상하고 인테리어 작업을 했다는 것이다.

공사장 카페의 대표적인 메뉴는 '고추빵'과 '메밀전병'이다. 특히 고추빵은 그가 직접 개발한 메뉴다. 고추처럼 생긴 고추빵은 만두처럼 갖은 양념을 넣은 후에 틀에 넣고 구워낸다. "무엇보다도 고추빵은 구울 때 기름을 바르지 않고 굽기 때문에 다이어트에 최고"라고 최 이사장은 자랑을 거듭한다. 맵고 단백한 맛이 특징이다.

메밀전병도 그가 심혈을 기울이는 메뉴다. 어릴 적 시골에서 보리밥이 먹기 싫어서, 메밀전병을 먹게 되었는데 그때 맛을 잊을 수 없어서 대표메뉴로 선보이게 됐다는 것. 메밀은 강원도 평창에서 직접 구입, 우리 메밀로 전통적인 맛을 살렸다.

정성이 깃든 다양한 커피와 녹차, 생과일주스는 공사장 카페만의 맛을 느끼게 한다.

공사장 카페는 장애인들이 직접 만든 각종 기능성 비누를 비롯해서 수건, 볼펜, 지갑, 생활자기와 소품을 전시 판매하고 있다. 이곳에서 구입함으로써 장애인도 돕고 생활에 보탬도 되는 일석이조의 효과를 거둘 수 있다. 따라서 그곳에 가면 장애인 문화를 체험할 수 있는 공간이기도 하다.

망치, 톱, 드릴, 샷보드, 삽, 곡괭이, 카트기, 안전모 등등 공사장에서 쓰는 온갖 물건들을 다 모아서 꾸몄음에도 전혀 삭막하지도, 딱딱하지도 않을 뿐 아니라, 오히려 친근하고, 세련되고, 운치 있는 공사장 카페. 여기에 아담하게 설치한 라이브무대는 분위기를 더해준다.

공사장 카페는 지난 4월 28일로 문을 연 지 1돌을 맞았다. 아직은 손님이 많지 않지만 꾸준히 마니아들로 증가하고 있는 추세다.

양평읍에서 용문 방향으로 5분 여를 달리다보면 양평지방공사가 눈에 들어온다. 건너편 아담한 3층짜리 건물이 바로 공사장카페다. 2층은 카페, 3층은 100여 명을 수용할 수 있는 연회석으로 꾸며져 있어, 각종 단체 행사나 세미나 등을 개최하기에 제격이다. 평일엔 오전 10시부터 오후 10시까지, 수·일요일엔 오전 11시부터 오후 10시까지 문을 연다.

2013년 9월 6일자 동부중앙신문 보도 내용

새 둥지에서 새롭게 시작해요

은혜의 집(은혜재단·이사장 최재학)이 새롭게 단장해 문을 열었다. 기존의 생활관을 헐고 공사를 시작한 지 10개월여 만이다.

은혜의 집은 지난 2004년 용문면 삼성리에서 현 위치로 옮겨와 조립식으로 건물을 지어 생활해오다 이날 준공식을 갖게 된 것. 이날 준공식에는 김선교 양평군수를 비롯해서 홍정석 도의원, 이상규, 윤양순, 박명숙 군의원과 충익원의 지연스님, 창인원 이경학, 장재곤 평화의집 이사장, 시설관계자 등 100여 명이 참석한 가운데 열렸다.

최재학 이사장은 인사말에서 "오늘 이렇게 멋진 건물을 지어준 공을 보게 된 이면에는 군수님을 비롯해서 관계공무원과 이를 설계하고 시공한 분들의 공이 크다. 이세 새 건물에서 보다 더 성숙된 사회복지서비스를 펼치겠다"고 밝혔다.

김선교 군수는 축사에서 "그동안 건물을 짓느라 고생이 많았다. 새로운 보금자리에서 사회복지를 더욱 발전시키는 계기가 되었으면 좋겠다"고 화답했다.

홍정석 도의원도 축사에서 "함께 나누고 보다 성숙된 사회복지를 실천하는 계기가 되었으면 좋겠다. 저도 앞으로 최선을 다해서 뒷바라지를 하도록 하겠다"고 밝혔다

이날 준공된 은혜의 집 생활관은 지난해 4월, 설계를 거쳐 공사를 진행해 이날 준공식을 보게 됐다.

이번에 신축된 생활관은 양평읍 대흥리 581-1번지에 부지 7,703평방미터에 철골골조 3층 건물로 연건축면적은 1282.74평방미터(389평)로 총 공사비 14억 3,500만 원이 투입됐다.

은혜의 집에는 현재 70여 명의 장애인이 입소해 생활하고 있으며, 보다 더 좋은 환경에서 생활하게 됐다.

2014년 1월 19일자 〈좋은 양평〉

'은혜의 집' 쾌적한 보금자리 신축

지난 1월 17일 '은혜의 집(경기도 양평군 양평읍 대흥로)'이 재건축을 완료하고 개원식을 열었다. 지난해 5월 공사를 시작하여 6개월 정도가 걸려 1202.74평방미터(총 3동 956.74평방미터, 저온 냉장고 126평방미터, 창고 120평방미터)의 신축 건물을 마련하게 되었다.

최재학 이사장은 건축기간 동안 무엇보다도 '은혜의 집'에서 거주하던 중증 장애인들의 거처에 제일 많은 신경을 썼다. 자신도 장애인이지만 장애인들에게 새로운 건물을 통해 쾌적하고 안정된 환경을 제공하겠다는 일념으로 늘 현장을 떠나지 못했다.

최재학 이사장은 이 기간 동안 과로가 겹쳐 허리디스크의 고통도 겪었다. 그만큼 '은혜의 집'의 새로운 건물은 최적의 복지 서비스를 향한 최 이사장의 갈망이었다.

이제 '은혜의 집'은 마치 보통의 가정집과 같은 시설과 편의를 갖추었다. 복지시설이라는 분위기를 획기적으로 전환하자는 최 이사장의 발상이 가져다준 결과이다. '은혜의 집'은 정성껏 돌보는 것을 넘어서 실제 따뜻한 가정과 같은 시설까지 마련한 것이다.

여기에서는 지역에 있는 학교와의 연계 시스템을 통해 초·중·고 교사들이 파견교육을 실시하고 있다. 맞춤교육을 진행하는 것이다.

돌봄도 맞춤이다. 엄마가 아기를 돌보듯이 중증 장애인 개개인을 돌보는 모습에서 복지시설이라는 생각이 들지 않는다. 평범한 가정이며, 가족들의 생활공간과 같다.

이런 현장을 만들기까지 최 이사장은 자신의 몸을 아끼지 않고 달려왔다. 그의 어눌한 언어 장애, 불편한 몸의 장애도 이런 그의 꿈을 꺾지는 못했다. 최 이사장은 목회자이기도 하다. 모든 영광을 하나님께 돌린다고 한다.

하나님께서는 최 이사장의 이런 마음을 위로하고 도와주기 위해서 그의 아내(박인숙)를 보내주셨나 보다. 최 이사장이 여기까지 올 수 있었던 가장 큰 힘이 아내였다. 지금도 최 이사장의 가장 큰 후원자는 아내이다. 최 이사장의 아내는 사회복지법인 은혜재단에 속한 모두의 어머니로 살고 있다.

사회복지법인 은혜재단에는 '은혜의 집'과 지적장애인들이 생활하는 '지게의 집'이 있다. 이들은 순환작업 활동 시설을 통해 자신들의 보람을 일구어가고 있다. 은혜재단에는 이들을 사랑하고 섬기는 사회복지사들이 최 이사장과 함께 정성을 다하고 있다. 이들의 밝은 미소와 친절한 모습들이 바로 사회복지의 현주소이고 미래가 아닐까.

2014년 1월 29일자 타임스코리아 보도 내용

사랑, 그 쉽고도 어려운 이야기

초판 인쇄일 2016년 11월 7일
초판 발행일 2016년 11월 10일

지은이 | 최재학
펴낸곳 | 코람데오
등 록 | 제300-2009-169호
주 소 | 서울 종로구 세종대로 23길 54, 1006호
전 화 | 02) 2264-3650
팩 스 | 02) 2264-3652
이메일 | soho3@chol.com

ISBN | 978-89-97456-51-2 03810
값 13,000 원